安泰行业评论·第三卷

陈方若　主　　编
陈宏民　执行主编

上海交通大学出版社
SHANGHAI JIAO TONG UNIVERSITY PRESS

内容提要

　　《安泰行业评论》旨在为学界、业界和政府部门的相关人士提供一个探索解决重点行业发展中的难点和痛点，寻找转折点的研究交流平台。本出版物鼓励学者学以致用，深入研究中国经济和行业发展中的关键问题；鼓励企业管理者站位高远，善于从行业转型发展视角寻求商机；同时鼓励学者和企业管理者相互切磋，共同探索行业走势及其特征，打造充满活力的商学生态。本卷围绕制造业蝶变，第一篇章聚焦前沿范式研究，全面探讨数字化、智能化技术在制造业及更广泛产业领域的应用、影响与未来趋势；第二篇章通过深度访谈四位资深行业管理人员，进一步挖掘制造行业背后的深层逻辑与创新思考；第三篇章通过汇聚国内高校商学院的创新实践项目，探索产教融合新路径。本出版物既适合学术界对行业研究感兴趣的相关领域研究者进行学术讨论，也有助于企业家对智能制造、数字化转型与平台赋能相关产业发展实践问题进行深入思考。

图书在版编目（CIP）数据

　　安泰行业评论. 第三卷 / 陈方若主编；陈宏民执行主编. -- 上海：上海交通大学出版社,2024.11 -- ISBN 978-7-313-31851-0

　　Ⅰ. C53

　　中国国家版本馆CIP数据核字第20241QQ699号

安泰行业评论 · 第三卷
ANTAI HANGYE PINGLUN · DI-SAN JUAN

主　　编：陈方若
执行主编：陈宏民
出版发行：上海交通大学出版社
邮政编码：200030
印　　制：上海景条印刷有限公司
开　　本：889mm×1194mm　1/16
字　　数：243千字
版　　次：2024年11月第1版
书　　号：ISBN 978-7-313-31851-0
定　　价：68.00元

地　　址：上海市番禺路951号
电　　话：021-64071208
经　　销：全国新华书店
印　　张：8.25
印　　次：2024年11月第1次印刷

安泰行业评论

主　　编：陈方若

执行主编：陈宏民

编委会成员（按照姓名首字母排序）

Preface | 序 |

2018 年11月，教育部提出了"破五唯"的口号，亦即高校不能在其考核评价体系中，一味追求学历、论文、项目、人才计划（帽子）、分数等。大家知道，考核是指挥棒，它决定了一个组织的努力方向。高校要"破五唯"，一定是高校的发展方向出了问题，我们追求的那些指标与我们真正想要达到的目标不一致了。高校真正的目标是什么？相信这个问题的答案有许多，但我想至少应有"用"的要求，即我们创造的知识和培养的人才要"有用"，即为社会创造价值。（我们经常听到一些"无用"之说，其实它是在讲"看似无用，实有大用"，还是在强调"有用"。）那么，在原有的评价体系中的那些考核指标，如论文和"帽子"，与"用"的目标，到底是什么关系？论文和"帽子"当然有用，甚至有大用，对于个人而言，它们可以使你名利双收、平步青云，对于学校而言，它们可以提升排名、获取资源，但对社会是否有用，那可能就另当别论了。这就是问题所在！要知道，我们追求的那些指标不过是一些"过程变量"，它们是高校在努力改变世界的过程中，所产生的一些"副产品"，但不是"终极产品"。"破五唯"的目的是希望高校不要把"副产品"当作是"终极产品"，要有更加高远的追求，对国家、对人类有所贡献。

但是，"五唯"的习惯真是很难改变，主要原因有二。第一个原因是原有的指标体系客观、简单、可量化，因此操作性比较强。通过多年的实践，许多高校已经建立起了一套完备的"打分"体系，期刊有期刊的级别，项目有项目的高低，"帽子"有"帽子"的档次，一目了然，简单数数，再加权求和，总分就清清楚楚。有了这样的打分体系，管理成本就变得很低了，并且因为不需要主观判断，也就走不了后门，大家都没压力。当然，"后门"不是完全没有，因为论文、项目、"帽子"的评审还是要靠专家的，有专家投票就有主观判断，而主观意识的形成，必然会受到许多因素的影响，包括"打招呼"。但这些都是发生在高校评价体系之前，等到我们要评价一位老师的时候，所有的成果都已经摆在桌面上了。因此，我们的投票过程很大程度上是一个比较机械的过程，不需要太动脑筋，没有什么"技术含量"。可以说，我们的"数豆豆"体系十分发达，它已经深入人心，成为一种思维定式，甚至已经固化为管理制度，因此很难改变。第二个"五唯"习惯难改的原因是我们不知道"破"了之后，该"立"什么。因为没有找到一个更好的考核评价体系，所以就一直沿用原来的体系。为什么"立"会如此之难？首先，我们破旧立新的目的是希望高校能够鼓励那些对社会有真正贡献的人和事。但一个成果对社会的真实贡献是很难衡量的，要么是因为数据的缺失，要么是等待的时间太长，因为贡献是需要时间验证的。例如，一个诺贝尔奖成果可能影响了几代人，改变了世界，但这都是需要很长的时间来验证的。但对于高校而言，考核的频率是以年为单位的，因为奖励和晋升不可能等很久。结果是我们只能用一些"短平快"的指标来替代真实的贡献，这就是为什么"五唯"

有如此旺盛的生命力。其次，另一个使得"立"很难的原因是学术生态的高度的连接性。对于熟悉高校评审系统的人来说，这点是很容易理解的。我们经常在评审过程中，会邀请其他院校的专家参与，甚至是国外的专家。因此，任何一个评审的结果都是一个学术生态发出的声音。要建立起一个新的评价体系，就要先改变这个学术生态，而这个生态却是跨院校的，甚至是跨国的，这就无形中大大增加了改革的难度。我们很难像改革开放之初，划定几个经济特区，让每个特区各显神通。对于高校而言，改革不只是牵一发而动全身，在一定程度上，它意味着改革者需要拖着整个高教系统一起负重前行。最后，我们不知道该"立"什么，最根本的原因还是没有找到正确的路，这就需要大家不断地求索，有了"立"的方向，就可以大胆地"破"了。

上海交通大学安泰经济与管理学院（以下简称安泰）于2018年提出了"纵横交错，知行合一"的发展战略，开启了一段商学院改革探索之路。对于经管学院或商学院而言，"五唯"问题更加重要，因为商学本身就是一门实践性很强的学科，而商学院的人才培养更是面向实践，目标是为社会各界培养专业管理人才，过分强调过程指标，如论文和"帽子"，将会强化"象牙塔"文化，拉大学界和业界之间的距离，严重影响了我们服务社会的能力。为了纠正"五唯"问题，安泰选择了先立后破。我们在原有的学术评价体系基础之上，增加了一个新的维度、新的研究范式，即行业研究，以此打造一个学术研究与行业研究相辅相成、交错发展的新商学生态。一个健康的商学生态应该是由学界和业界共同组成的，他们各司其职，有各自的任务，但又保持着紧密的联系，一起促进理论与实践的健康发展。如何保持学界与业界之间长期、紧密的联系？国内外的经验表明，这是一件极具挑战的事。关键是要找到双方兴趣的共同点，一种合作模式，既要能发挥各方的优势，又要有思想的碰撞与升华，且合作成果对理论与实践均有意义。安泰的经验表明，行业研究就是这样一种很好的合作模式，它可以成为学界业界长期合作的一个重要载体。但是，改革并非易事，虽然老师们对行业/企业研究有着天然的兴趣，可是由于前面提到的种种原因，他们在这个新增维度上的投入还是远远不够的。可喜的是，已经有一批老师，他们积极参与行业研究，取得了丰硕的成果，得到了社会的认可，他们的经验展示了行业研究的重要意义，也为其他老师树立了榜样。虽然行业研究战略已经初见成效，但我们清醒地认识到，生态建设需要时间，需要多方长期不懈的努力。只要路是对的，就不怕路远，而我们坚信行业研究之路是正确的。

《安泰行业评论·第三卷》出版在即，其中有许多学界业界同人的佳作，感谢各位作者不吝赐稿！这本出版物肩负着商学院改革的重任，一方面探索一种新的研究范式，即学院派行业研究，同时也为学界业界搭建一个沟通合作的平台，助力健康商学生态的建立。非常期待越来越多的各界同仁参与到《安泰行业评论》的工作中来，我们一起推动商学院乃至高校的变革，也为经济社会的发展贡献一分力量。

是为序。

上海交通大学安泰经济与管理学院院长
上海交通大学行业研究院院长
2024年10月5日

安泰
行业评论
ANTAI
INDUSTRY
REVIEW

制造业蝶变

目录

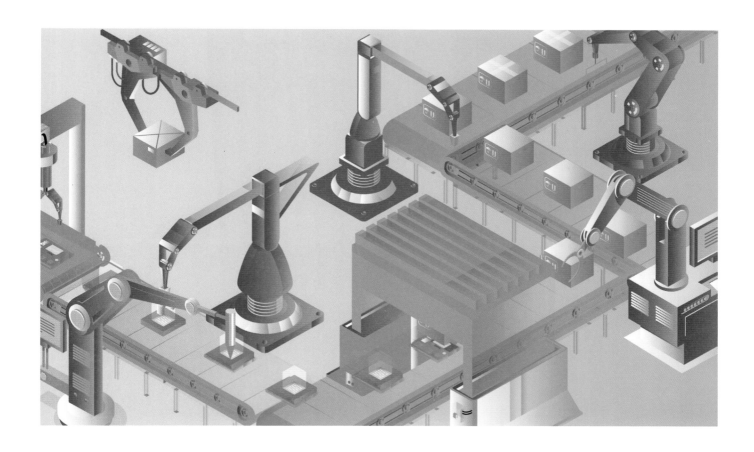

第一篇

智造论道·行研探索

本栏目汇聚知名学者和业内专家对智能制造领域的前瞻研究与深度思考，旨在为读者搭建一个洞察智能制造前沿趋势、启迪行业思考的广阔平台。

上海交通大学安泰经济与管理学院院长陈方若教授的《智能制造与管理创新》引领读者洞悉智造管理新思维；树根互联股份有限公司联合创始人、原CEO贺东东，上海市信息投资股份有限公司副总裁山栋明，麦肯锡全球合伙人侯文皓与联想集团副总裁、联宝科技CEO丁晓辉，三一集团副总裁吴盛楠，分别从产业平台化、绿色智能化、企业数智化转型及数据要素等角度，共绘制造业升级转型的宏伟蓝图。上海财经大学匡时书院院长徐飞教授、上海交通大学安泰经济与管理学院史占中教授和董明教授等学者则分别探讨了元宇宙、数字算法及新一代智能制造模式（HCPS 2.0）如何推动产业的创新与变革。这一系列文章不仅是对当前智能制造领域的全面审视，更是对未来工业发展趋势的深刻洞察与预见。

智能制造与管理创新

陈方若

摘要

　　生产力的发展可以分为"体力"和"脑力"两个维度。与前几次工业革命不同，第四次工业革命的核心技术，即数字技术和人工智能技术（数智技术），将极大地提高社会"脑力"（治理或管理能力）。基于大量的企业调研，本文试图展示企业是如何通过数智技术的开发和应用来提高管理水平、改善经营效益的。我们发现，许多经典的管理理念并没有发生变化，变的是实现这些理念的手段。数字化转型的本质是管理创新，数智技术让企业更好地发现问题、解决问题，而一些头部企业已经开始迈向"无忧运营"，把问题消灭在萌芽之中。在第四次工业革命的浪潮中，我们将看到史无前例的社会"脑力"大提升。

关键词

生产力二元论；数字化转型；管理创新；科学管理；智能制造

【作者简介】

陈方若　上海交通大学安泰经济与管理学院院长、行业研究院院长、中银科技金融学院院长、深圳研究院院长、21世纪跨国企业战略研究院院长。研究方向为运营管理、供应链管理等。

一　缘起

商学是一门实践性很强的学科,商学院的创立就是要为企业培养专业管理人才。在全球商学院一百多年的历史中,这个初心被维持了几十年。自20世纪七八十年代开始,我们注意到了一个令人担忧的趋势,那就是理论与实践若即若离,甚至有渐行渐远的危险。为了回归商学本源,各地商学院都在尝试不同的变革思路,希望理论与实践可以常态化地、紧密地结合在一起。

上海交大安泰经管学院于2018年提出了"纵横交错,知行合一"的发展战略,旨在构建学术研究与行业研究纵横交错、相辅相成的新商学生态。行业研究成为连接理论与实践的一座桥梁。上海交通大学行业研究院(以下简称"行研院")应运而生,为师生搭建了一个通往行业实践的研究平台。过去的五年多时间里,行研院每年组建三十多支研究团队,研究领域覆盖大健康、金融、能源、制造、服务、物流、文创等关乎国计民生的重大行业板块,在服务社会、政府、企业、教学与科研等方面作出了积极的贡献。

二　聚焦智造

2018年,世界经济论坛偕同麦肯锡创造性地提出了"灯塔工厂"的概念,希望从可持续发展、生产能力、敏捷属性、市场响应、定制化等维度,评选出全球最优秀的制造企业。在2023年初,全球共有132家"灯塔工厂",中国有50家。到2023年年末,全球增加了21家,中国多了12家。

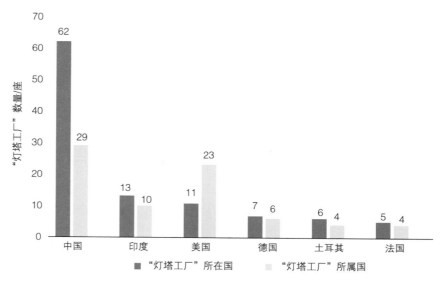

图1　"灯塔工厂"所在国和所属国分布

我们对全球153家"灯塔工厂"做了一个"所在国与所属国"分析(见图1),发现了一个有趣的现象。不论是"所在"还是"所属",中国的"灯塔工厂"数量都是排在世界第一的。这说明中国有非常适合"灯塔工厂"的"土壤"。这可能有几个方面的原因。首先,中国是一个大市场,大市场支撑大规模生产,而规模带来的一个效果就是更容易把事情做到极致。其次,中国有后发优势,我们受益于前人的经验,再加上中国人的好学和创新精神,所以企业得以迅速地成长,甚至成为行业的领头羊。再次,齐备的产业生态也有利于企业的发展。最后,中国的文化因素,新一代员工的特点,特别是他们对现代数字技术的接受程度等,都起到了一定的推动作用。

2023年初,我们制订了一个行业研究计划,希望在一年之内走遍中国的所有"灯塔工厂"。但最终我们只调研了30家智能制造标杆企业,其中22家为"灯塔工厂"。每次调研的队伍都不小,除了安泰经管学院的十余位老师以外,还有行研院的小伙伴们和对智造感兴趣的校友们,有时也有业界专家同行。整个调研前后历时10个月,跨越江苏、山东、安徽、四川、湖南、广东、上海六省一市的12座城市,覆盖装备制造、家电、汽车、快消品等行业领域。

本文是过去一年半企业调研沉淀下来的一些想法,其中不少得益于和团队成员的讨论,在此向他们表示感谢,也感谢热情接待我们、耐心回答问题的企业朋友们。

三　国家战略

制造业对一个国家来说,是至关重要的。这可以从几个方面去理解。一是从就业的角度来看,就业率是衡量一个国家经济发展和社会状态的重要指标。制造型企业通常都需要很多的人力,特别是那些劳动密集型的企业。在人工智能、自动化大面积取代人力之前,制造业还是创造就业的重要手段。二是从可持续发展的角度来看，因为制造业消耗了大量的资源，包括材料、能源等，所以制造业的先进水平决定了一个国家在可持续发展的道路上走了多远，而制造业对环境的影响直接关系到人民的生命健康。三是制造业是国家竞争力的重要来源。如果一个国家的产品能销往世界各地，受到各国人民的欢迎，那么这个国家在国际上的竞争力就很强，这不仅会提升经济实力，还会提升关乎国家形象和地位的软实力。因此，世界各国都不敢在制造业的发展上有任何的懈怠。

在过去的十几年里，各国政府纷纷出台政策，以此推动制造业的发展。这些举措的背后有一些深层次的原因，总体可以分为两类：危机感和机遇感。在经济全球化的进程中，世界经济格局在不断变化，而一个变化的主线就是制造业从发达国家向发展中国家迁移，主要是因为发展中国家丰富的劳动力和产业资源。结果是许多发达国家的经济呈现"去工业化"的趋势，工业产值连年下降，工业就业人口持续减少。2008年席卷全球的金融危机更加凸显了实体经济的重要性。吸取惨痛教训之余，各国开始调整虚拟经济与实体经济之间的平衡，也因此把更多的目光转移到了制造业。以上这些因素汇集在一起，产生了一种强烈的危机感，促使美国和欧洲一些国家把发展制造业上升为国家战略，从而掀起了一个"再工业化"的浪潮。另外，各国对制造业的重视，也有国际竞争的原因。各制造大国竞相争夺先进制造业高地，从而引领全球制造业的发展。当下正是制造业发展的一个重要机遇期，

因为新一代数智技术和制造业的深度融合将为制造业的发展带来无限的可能。20世纪末，美国推行的制造业信息化、先进制造技术的研发和应用，2012年通用电气提出的"工业互联网"概念，2013年德国在汉诺威工博会上正式推出的"工业4.0"战略，都是希望通过信息技术、智能技术与制造业的深度融合来发展制造业，实现智能制造。总之，智能制造已经成为制造大国必争之地，这里既有危机感的驱使，也有抢抓机遇的前瞻性布局。

智能制造的核心内容就是把现代数智技术与制造业进行深度融合，为企业创造价值，提高企业竞争力。现代数智技术有许多，包括所有的信息技术（采集和传输）、分析技术、决策技术、执行技术等。数智技术在制造业的广泛应用将会为企业带来无限的可能，缩短产品研发周期、降低成本、提高效率、提升质量、减少资源消耗、探索新商业模式等。智能制造的发展之路通常会经过几个阶段。首先是数智技术在工

厂的应用，可能是在一个工位、一个车间，或一条产线，再延伸到价值链的上下游，如产品研发、销售、物流、售后服务等。随后是向供应链的上下游延伸，更好地连接合作伙伴，增强供应链的信息透明度和决策协同度。智能制造发展的最高阶段是产业生态的智能化，即通过现代数智技术打造一个健康又充满活力的产业生态，不断地自我诊断、自我修复、自我迭代。另外，在每一个发展阶段，都有不同的智能制造发展等级，有数字化、自动化、网络化、智能化，以及终极目标的"无忧化"，即对问题的前瞻预测与提前解决。

四　生产力二元论

生产力的发展可以归结为两个方面的进步，即"体力"和"脑力"的进步（见图2）。就像一个人的能力由其"体力"（physical power）和"脑力"（brain power）决定一样，人类社会的生产力水平也要看社会的"体力"和"脑力"水

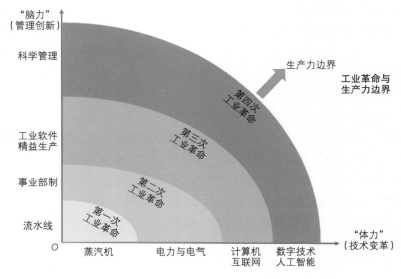

图2　生产力发展的两个维度

平，如我们使用的工具和设备代表着我们社会的"体力"水平，它们是"手"和"脚"的延伸，是社会的"硬件"，一般来源于技术的进步，代表着科学家和工程师的贡献，而社会的"脑力"则体现在一个社会做事的方式上，是社会的"软件"，它代表着我们的决策水平，决定了我们是巧干还是蛮干，决定了社会的效率和文明程度。其实，社会"脑力"就是管理或治理水平，它的进步需要我们对现有的制度、体系、方法进行不断的创新和完善，而这需要管理实践者与管理学者来共同推动。当然社会"脑力"也可能受益于社会"体力"，即技术的进步。

上述由"体力"和"脑力"构成的生产力二元论有助于我们厘清人类生产力的发展历程。纵观人类历史，生产力的发展都是沿着"体力"和"脑力"这两个维度展开的。第一次工业革命的蒸汽机和第二次工业革命的电力把人类社会推向了机械时代和电器时代，社会"体力"得到了极大的提升。但是我们不能忽略，伴随着这两次工业革命，社会"脑力"也有了极大的进步。如福特的流水线和斯隆的事业部制管理方法，这些划时代的管理创新大大提高了生产效率，创造了价值，造福了人民。第三次工业革命的计算机和互联网把人类社会带进了信息时代，而这些技术变革同时也推动了社会"体力"和社会"脑力"的发展，因为计算机使得设备更加灵活、生产线更加柔性，同时计算机技术又为我们带来了一系列的工业软件，大大提高了管理效能，增强了社会"脑力"。有趣的是，几乎和第三次工业革命平行进行的是另外一场

深刻的管理变革，那就是"丰田生产系统（Toyota production system，TPS）"的提出，后来被总结为"精益生产系统（lean production system，LPS）"。这个博大精深的管理体系迅速在全球传播开来，改变了世界，极大地减少了浪费，提高了效率，这是社会"脑力"的又一次巨大进步。我们注意到，精益思想的提出和计算机/互联网技术关系并不大，它是几代丰田管理者在实践中不断摸索总结出来的，为推动人类生产力的发展作出了重要贡献。最后，第四次工业革命的主线当然是人们经常谈论的智能时代。顾名思义，这将是社会"脑力"的一次大爆发，新一代数字技术和人工智能将直接赋能社会"脑力"，极大地提升管理水平，提高资源利用的效率。在我们的智能制造企业调研中，这样的案例屡见不鲜。

总之，每一次工业革命都是从一个核心技术开始，进而引发广泛的社会变革，并以此迅速提升人类的生产力。虽然生产力的提升通常都包括"体力"和"脑力"这两个维度，但遗憾的是，关于工业革命的讨论通常都只关注前者，而忽视了后者，即强调技术对社会"体力"的赋能（硬件），而不太重视社会"脑力"的作用（软件）。这就第一、二次工业革命而言，可能是无可厚非的，因为蒸汽机和电力没有直接影响到社会"脑力"的发展，虽然社会"脑力"也在不断地进步（如福特和斯隆的管理创新）。但就第三、四次工业革命来说，情况就截然不同了，因为这两次工业革命的核心技术，即计算机、互联网、物联网、大数据、人工智能等，已经直接赋能社会"脑

力"。可以说，社会"脑力"的进步已经成为第三、四次工业革命的主旋律，在生产力发展中起着决定性作用。特别值得关注的是，第四次工业革命的核心技术，即人工智能，将创造人类的最大"外脑"，极大地推动社会"脑力"的发展。所以，管理创新将成为第四次工业革命的一个主旋律，而智能制造就是这个主旋律中最响亮的音符。

五　数智技术

对于一个制造型企业而言，其生产力当然也由两部分组成——"体力"和"脑力"。这里，"体力"包括工厂里的设备和工人，设备越多、越先进，工人越多、素质越高，工厂的"体力"就越强大；而"脑力"则是指工厂的生产方式，即如何把人和设备有效地组织起来，以期实现最大的生产力。这就好比我们练习武功，为了提高武术水平，一方面我们不断地锻炼身体，增强体力，另一方面我们学习武林秘籍，拜师学艺，目的是把我们的体力应用好，这是"打法"，是提高脑力。对于工厂，"脑力"就是管理，管理就是"打法"，就是用有限的资源，生产出最多、最好、最廉价的产品或服务。（这里的工厂是广义的，可能生产产品，也可能生产服务，是创造东西的场所。）管理水平越高，工厂的"脑力"就越强大。

通过新一代数智技术的有效应用，企业的管理水平有望得到一次飞跃式的提升，这主要体现在管理的智能化水平上。何谓智能化？简单地说，就是管理系统有类似人的功能，如眼观六路、耳听八方，再

对收集到的信息进行动态分析，并以此进行判断、决策，再把决策付诸行动。用管理的术语来说，就是不断地收集信息（设备、产品、员工等），发现、分析和解决问题，最后把管理决策（解决办法）有效地贯彻落实下去。智能化的关键是"动态"，环境在变化，管理决策也要跟着变化，动态调整，随机应变。这与自动化不同，一般情况下，自动化指的是重复劳动，环境不变，也不需要对决策或行动进行动态调整。只有足够高阶的自动化才可能称得上是智能化，也就是在各种不确定因素的干扰下，还能自主分析、自行调整，并维持自动化操作。当然，智能化也分高低水平，它取决于每一次决策的优化程度，由算法和算力决定，是一个不断进阶的过程。

新一代数智技术是指那些构成"工厂脑力"的技术，包括数字技术和智能技术。就像人体有六感、神经、大脑一样，"工厂脑力"需要信息采集、传输、分析、决策、执行等功能，而提供这些功能的技术就是数智技术，如传感器、高频摄像、互联网、物联网、云计算、数据中心、工业软件、人工智能等。数智技术可以分为以下四类（见表1）。

感知系统：通过采集、处理和理解生产过程中涉及的物理量（光学、位置、质量、速度、压力等）与化学量（湿度、酸碱度、离子浓度、电化学气体等）信息，为制造系统提供实时的数据和反馈，及时发现和解决问题，提高生产效率和品质。

信息传输：依赖于工业以太网、现场总线、无线通信等通信技术，实现设备、传感器和控制器之间的实时高效信息传输，达到协调工作的目的。智能制造系统还需要与外部系统进行信息传输，如企业资源计划（ERP）系统、供应链管理（SCM）系统等，实现生产计划、物料采购、库存管理等业务的自动化管理。

决策系统：利用先进的求解技术，对生产/物流/销售过程中的各种数据和信息进行分析，以做出最优的决策。一个优良的决策系统可以帮助企业降低成本，提高效率，改善产品质量，更好地服务市场，最后达到增强企业竞争力的目的。

执行系统：是一种用于实时监控、即时协调和及时管理制造过程的软件系统。该系统与生产现场和配套支持密切相关，主要功能包括

表1　数智技术分类

智能系统	硬件/软件	成本范围	供应商代表
感知系统 （物理层–数据采集）	**硬件**：扫码枪/机械手/PDA/能耗采集器/RFID电子标签/光电感应 **硬件+软件**：PLC/图像语言识别	计数类数据采集成本约50万元/产线① 图像类采集约100万元/产线（高速相机＋工控机）	国内：海通/海神/中鼎/优博讯/斑马/海康 国外：三菱/西门子/欧姆龙/ABB
信息传输 （连接层–网络通信）	**网络硬件** WiFi/云服务器	按照10万平方米厂区，WiFi 6配置硬件CapEx：约100万元	国内：浪潮/电信/联通/移动/华为/新华三
决策系统 （数据层–数据分析）	**软件** 商务智能/数字孪生/数据中台	10万～200万元不等	国内：帆软/浪潮 国外：SAP/IBM
执行系统 （服务层–运营管理）	**软件** 顶层计划组：ERP/MOM/APS 工业执行：MES/WMS 管理子系统：OA/PRM/CRM/SRM	ERP：50万～2 000万元不等② MES：200万～2 000万元不等 WMS：5万～200万元不等 OA：5万～50万元不等 CRM：5万～500万元不等 SRM：5万～800万元不等	国内：浪潮/金蝶/用友/鼎捷/诺力/天准/富勒/泛微 国外：SAP/西门子/Rockwell/施耐德/霍尼韦尔

注：① 按照每个产线100个站点高速自动线进行计算。
　　② 标的金额的差异取决于供应商的选择、客户端厂区实体的个数和管理层级的深度。

物料配送、生产调度、设备管理、质量控制及工艺流程管理等。执行系统通过相应的工业软件、控制系统和硬件设备精确地执行决策，实现对生产过程感知、传输、决策、执行的闭环控制。

如表1所示，数智技术的成本不低，百万级的投入通常只是一个基础门槛。因此，企业需要以具体问题为导向，认真分析投入产出，切不可为了智能化而智能化。

六 管理创新

数字化转型是一个十分广义的概念，泛指企业或任何组织通过现代数字技术的应用，来达到降本增效、转型升级的目的。每一个企业都有各自的转型之路，需要结合实际，把技术和业务深度融合起来，获得管理经营的改善。数字化转型的基础是数字生态的打造，然后在这个生态基础之上，去不断寻找为企业创造价值的机会点，从小生态到大生态，从自动化到智能化，逐级发展。

数字化转型的本质是管理创新。数智技术可以赋能企业的地方有很多，小到设备的维护、工艺的改进，大到流程再造、平台建设、商业模式创新等，但不管怎样，技术带来的变化通常都跟管理有关，都是通过技术的角度，重新审视管理，去发现新的管理办法（包括工作方式）。而管理的本质一直都是发现问题、解决问题，因此数字化转型的关键任务就是充分发挥数智技术的力量，去更好地发现问题、解决问题。

在管理创新的路上，企业必须坚持守正创新，在变与不变之间，找到正确的方向。在智造企业调研中，我们不断地发现，许多核心的管理理念并没有变，变的是这些理念落地的方法。精益生产就是这样一个不变的理念，许多标杆企业都把它作为数字化转型的起点。

20世纪七八十年代，日本丰田汽车提出的"丰田生产系统"，后被总结为"精益生产系统"，是一个非常完整的管理体系，从目标到办法，再到制度和企业文化等，各个方面都有详细的阐述。我认为精益生产真正抓住了管理的本质。例如，它对"浪费"的认识就十分深刻、系统，如一位员工的流程改进想法没有及时得到重视和实施，这就是一种浪费；再如供需没有做到完美匹配，这也是一种浪费，它的一个主要表现形式就是库存，这是准时生产（just in time，JIT）背后的核心思想等。精益生产把所有浪费看成是"头号敌人"，而这些浪费背后的问题都必须各个击破。精益生产也十分重视问题的及时发现，如"安灯"就是一种让任何问题没有藏身之地的装置，一旦问题出现，立即把信息传递给相关人员，便于其及时采取行动，任何的拖延都是浪费。当然，精益生产也为问题的解决提供了许多工作机制甚至是文化上的安排，如"人人都是科学家""持续追问五个问题""问题攻关小组""终身聘用关系"等。可以说，精益生产就是做好"问题""发现""解决"这三篇大文章。

20世纪七八十年代日本的崛起，在很大程度上是因为日本制造业的崛起，而日制产品特别是电器和汽车，之所以价廉物美，这里面有"丰田生产系统"或精益生产理念很大的功劳。这是一次巨大的管理创新，它极大地增强了"企业脑力"，为生产力的提升注入了一股强劲的力量。在那个年代访问过丰田工厂的人们都记得，其实工厂里的硬件设备都是非常普通的，甚至是简陋的，而这样的条件却能输出如此强大的生产力，其原因就是管理"脑力"。这是生产力二元论的又一有力印证，"体力"和"脑力"缺一不可，它们都是生产力发展的重要源泉。

在当下的数智时代，管理的本质并没有发生变化，还是发现问题、解决问题，只是我们发现问题的手段越来越先进了，解决问题的能力越来越强了，因此，我们能够解决的问题也就越来越多样了。

（一）发现问题的手段越来越先进

人发现问题的手段可谓高明，我们有六感，即视觉、听觉、触觉、味觉、嗅觉、直觉，以此收集八方信息，再通过神经网络，把信息传递到大脑。当然，人类的感知系统有很大的局限性，我们能够感知到的只是世界的很小一部分，还有一个巨大的未知空间。但这些缺憾正在被现代数字技术所弥补，我们可以把各类传感器安装在平常很难触及的地方，通过它们来捕捉温度、湿度、震动、图像、声音、语言等信息，而互联网则起到了神经网络的作用，把从千里之外收集到的信息传递到数据/监测/决策中心。总之，现代数字技术极大地提高了人类的感知力，也因此增强了我们发现问题的能力。在"灯塔工厂"调研中，我们看到许许多多感知技术的应用。

1. 博世无锡工厂

中国是博世在全球最大的单体市场，占全球销售额的20%左右。博世目前在中国共建有34个生产基地、26个技术中心，汽车与智能交通是最重要的业务板块，占总份额的60%。中国全年生产大约2 300万辆汽车，其中电动车有约600万辆，几乎所有车辆中都有博世生产的元器件。

博世无锡工厂成立于1999年，于2021年获评"灯塔工厂"，主要生产共轨喷油器和废气后处理系统组件等产品。在博世无锡工厂，我们看到了机器视觉技术在产品质量检测中的应用。通过微米级的连续拍照和高精度的人工智能判断，把零件照片与标准件照片进行对比，实时开展智能化诊断，解决了以往肉眼目测的疲劳和不精确问题，并且将原本生产后的批量化抽检，提前至生产过程中的100%实时监测。在博世无锡工厂，我们还看到一个有趣的机器视觉应用，即所谓的"智纹保"防伪标签。由于钢制器件在研磨抛光过程中都会产生一些随机性纹路，而这个"天然指纹"可以被机器视觉技术拍摄并记录下来，再结合系统自动生成的加密二维码，一个"智能指纹"便生成了。比起传统的防伪系统，"智能指纹"具有低成本、高门槛、可鉴别、可追溯的优势。

2. 成都富士康

成都富士康于2010年10月建成投产，是一个以大型平板电脑、光电显示制造为主营业务的电子信息产业基地，同时也涉及软件开发、精密模具生产、现代物流等业务。公司于2021年3月获评"灯塔工厂"。

2022年，员工数量为12.5万人。

成都富士康为员工打造了一个线上健康管理平台，把感知技术应用于健康管理中，提高了发现员工健康问题的效率。他们利用自主研发的检测设备"小域精灵"来检测心率、血氧、尿酸等8个指标，再通过大数据分析等技术，为员工提供个性化的健康建议和预防措施。生理和心理健康有助于员工有效应对工作压力，有利于发挥员工的积极性与创造力。所有这些既维护了生产的效率与稳定，降低了安全风险，也体现了企业的社会责任。

（二）解决问题的能力越来越强

从企业管理的角度来看，我们解决问题的能力主要表现在两个方面，问题的复杂度和决策优化的程度，复杂度和优化程度越高，能力就越强。在数智技术的推动下，企业可以解决越来越复杂的问题，而且可以把问题解决得越来越到位，即解决方案可以做到越来越接近最优解。这主要是因为算力和算法的飞速发展，如高端芯片、计算中心、求解器、软件系统等的不断迭代和完善。我们可以把这里的算力理解为"体力"，把算法理解为"脑力"，两者的进步使得我们可以快速地分析、处理海量的数据，并在巨大的变量空间中找到最优或接近最优的答案。当然，所有这些的前提是数据，只有有了大量可用的数据之后，我们才可能建立有效的模型，并以此去开发算法，才可能实现管理决策的最优化，亦即科学管理。

1. 博世长沙工厂

博世长沙工厂是博世在中国中部地区成立的第一家工厂，于2004年投产。它是继博世无锡工厂、博世苏州工厂之后，博世在中国的第三家"灯塔工厂"（2022年），其主营业务领域包括汽车电子驱动和起动机/发电机。

在博世长沙工厂，我们看到一个全厂范围的生产能源管理系统。该系统的目标是在保生产、保订单的前提下，尽量减少能耗。该厂有100多条产线，每天面临上百种客户需求，因此排产的难度可想而知，再加上减少能耗的目标，问题就更加复杂了。为此，工厂研发了一个生产能耗预测模型，结合多项业务数据（客户需求和设备能耗信息等）与环境数据（天气状况和温、湿度等），滚动给出未来7天内产线级的生产排产及其能源预测（误差低于3.2%）。与此同时，该系统还能提供优化的停机管理和精确的能耗异常监测，让节能减排深入生产制造的各个环节，如在新设备能耗比较低且空闲时，对其进行优先使用。这套管理办法为企业从容应对复杂的能源环境，如夏季突发限电等，作出了积极贡献。

2. 青岛啤酒

青岛啤酒披露年报显示，2022年，青岛啤酒实现营收321.72亿元，啤酒产量达782万千升。每年生产300多个品种。2021年3月，青岛啤酒获评"灯塔工厂"。2022年，研发投入为6 295.5万元。公司研发人员数量占公司总人数的2.37%。

在青岛啤酒，我们看到了数字技术在产品研发中的应用。啤酒中的各种风味物质成分数量是很高的，有500多种（白酒只有200种），不同的配比带来不同的口味。可想而知，通过不同的配比可以设计出无穷无尽的不同口味的啤酒。为了更好地服务消费者的个性化需求，青岛啤酒通过风味图谱解码技术，实现了口味、风味物质、工艺技术的数字化。例如，消费者口味指数包括醇酯比、麦香、酒花香、果香、花香等；产品典型风味物质包括醇类、酯类、有机酸类物质等；工艺技术方面，包括酵母菌种、原料标准、配方标准及发酵工艺标准等。数字化驱动的风味图谱解码技术让青岛啤酒的研发效率提高了3倍，口味更加精准，可以快速满足消费者个性化需求，实现市场引领。

（三）能够解决的问题越来越多样

数智技术增强了我们发现问题、解决问题的能力，也因此使得我们所能解决的问题变得越来越多样。以前我们解决的问题通常都是已经出现的问题，现在我们可能在问题还没有发生之前就把它消灭在萌芽之中。众所周知，任何一个问题其实都有一个发展、成熟的过程。在工厂调研中，我们看到一些企业已经开始着手解决那些"不成熟的问题"，换句话说，管理已经走到了"问题链"的上游，去消除问题的根源，去改变问题发展的轨迹，这就好比中医说的"治未病"。由于技术的赋能，我们还可以在更大的范围内去解决管理问题，或者去解决一些更加深层次的管理问题，例如供应链上下游的协同问题、基于产业生态系统的风险管理问题、组织变革、组织文化、考核激励系统等。在企业调研中，我们发现管理的覆盖面越来越大，管理者正在着手解决

一些问题的"新物种"，从而进一步在降本、增效、提质方面为企业创造价值。

1. 博世长沙工厂

在博世长沙工厂，我们看到了一个典型的"治未病"案例，即设备的预测性维护。工厂90%的生产线实现了互联，智能传感器、可视化装置实时捕捉振动、扭矩、电压和电流等一系列过程参数，能毫秒级别了解设备的动态。在这个数字生态的基础之上，数据团队使用深度学习算法，建立数据模型，并通过自我学习和训练来不断强化模型。该系统可以自动监测设备的异常及其原因，对设备24小时内的健康情况进行预测，并给出预警，帮助维修和生产人员提前准备和快速响应，减少了紧急维修工单的产生，保障了生产的稳定性。

2. 美的集团

美的集团现有九大事业部：家用空调、厨房电器、洗衣机、冰箱、中央空调、生活电器、热水器、环境电器、部品。公司过去五年研发投入近500亿元，拥有约200家子公司、35个研发中心和35个主要生产基地，业务覆盖200多个国家和地区，每年为全球超过4亿用户提供产品和服务。截至2024年8月，美的旗下共有5家"灯塔工厂"，这在全球都是名列前茅的。它们分别是美的家用空调广州工厂、微波炉顺德工厂、洗衣机合肥工厂、冰箱荆州工厂、美的厨热顺德工厂。

我们走访了美的集团在合肥和顺德的3家"灯塔工厂"。传统的分销渠道都是由许许多多的供需节点组成的，如分销商、代理商、零售商等。每个节点都扮演着一个供

需平衡的角色，补货量不能太多，也不能太少，太多了会造成库存积压，太少了会造成缺货和顾客满意度下降。所有节点的经营管理水平决定了整个供应链的效率和成本。供应链管理最大的挑战就是信息不透明和决策不协调，因为每一个节点都是一个独立的商业主体，有各自的信息系统、决策机制和决策目标，互不相通、互不兼容。信息流的不畅通造成了决策困难，各自的商业利益也可能引发上下游矛盾，不利于供应链整体效率的提升。在这方面，美的的"一盘货"实践取得了良好的效果。所谓"一盘货"，就是对传统分销渠道进行了"去中介化"改革，把"货权"和"销权"分离开来，代理商和分销商只有"销权"，而"货权"则收回到集团，库存集中在集团的中心仓，并由中心仓来完成配送，实现全渠道"一盘货"统筹。这样的改革有效解决了前述的信息不透明和决策不协同的问题，因为集团和各个供应链节点的连接更加紧密了，能更好地掌握每个节点的信息，并以此来优化全系统的配送决策。并且，库存的集中管理可以在不增加库存总量的前提下，有效降低供需不匹配的风险，提高资源的利用率。最后，因为有了全渠道联网，美的可以更加全面地捕捉市场信息，更加精准地预测需求，而这对改善生产计划是很有帮助的。

这个案例说明，有了新一代数智技术，企业可以考虑解决一些"端到端"的问题，进一步挖掘管理的潜力，这在以前是很难做到的。

3. 酷特智能

酷特智能是山东青岛的一家

智能制造企业,有以生产西装、衬衣和西裤为主的3个专业工厂,在大规模个性化定制领域做了许多有益的探索。旗下"酷特云蓝"是一个全球个性化定制服装品牌,而"红领"则是中国驰名商标。2021年,酷特智能入选商务部第一批全国供应链创新与应用示范企业名单。

众所周知,标准化产品的大规模生产是历次工业革命的一条主线,其中最著名的案例应该是一百多年前的福特汽车生产线。因为生产的是标准化产品,生产方式可以高度专业化,所有的设备和工序都是为了一个特定的制造目标而设计的,因此效率很高。但这种模式最大的弊端就是供需无法做到完美的匹配,所以就有了"顾客要的东西,没有;而有的东西,却没人要"的尴尬局面。解决这个问题的办法是定制化生产,顾客先下单,体现顾客的个性化需求,工厂再接单生产。在服装领域,酷特智能做到了定制化生产,而且是流水线式的大规模定制。为此,酷特智能打造了一个从消费者到生产者(customer-to-manufacturer,C2M)平台,把生产商、供应商、服务商连接起来,实现了合作方之间的信息实时共享。顾客可以通过App端口,采集衣服尺寸,再做其他的个性化选择。在接到一个个性化订单之后,系统立即生成一个相应的生产计划,包括一系列具体的工作任务,再把任务信息直接传递到产线的每一个工位,员工只要按照屏幕上的指示进行生产即可。当然,如果该订单同时引发了一个采购需求,那么相应的采购指令也会同步发送到供应商那里。因此,C2M平台建立起了一个高度连接的产业生态,以顾客需求为原点,并以此来驱动供应链上下游所有的运营活动。由于信息系统的互联互通,酷特智能成功消除了科层结构,打造了一个无边界组织,提高了效率。我们还注意到,在这个生态里,员工不再有"老板",他们直接听令于信息平台,增强了幸福感,似乎人们不希望有其他人管着他们,但由机器来管,就容易接受。在基层,员工不是没有组织,而是以一种叫作"细胞单元组织"的形式运行。一个"细胞单元"是指一个团队,由具有相似工作能力的员工自发形成,这些员工再推举出一位有一定领导力的同事作为"细胞核",对组织内的工作进行协调管理。酷特智能,通过数字化转型,重构了公司的组织架构,减少了管理层级,降低了管理成本。他们把节省下来的成本用于补贴员工福利,继而增强员工的获得感、幸福感,形成了良性循环。

通过这个案例,我们看到,因为有了数智技术,企业可以开始攻克一些深层次的管理问题,例如,如何生产、如何组织、如何管人等问题。在这些方面,酷特智能做了许多有意义的探索,他们的经验值得我们借鉴。

七 思考与展望

(一) 智能制造的未来发展趋势

制造业是关乎国计民生的大事,在创造财富和提供就业方面发挥着举足轻重的作用,而智能制造则是制造业全面提升的一次大好机会。过去的一年多时间里,我们走访了一些优秀的制造企业,他们是行业实践的模范,为企业数字化转型树立了标杆。虽然数智技术日新月异,令人眼花缭乱,但管理的本质并没有变,还是不断地发现问题、解决问题。管理有多高明,就看企业发现问题的手段有多先进,解决问题的能力有多强。我们还发现精益生产的理念一点都没有过时,优秀企业都把精益生产理念作为智能制造的基石。当然,数智技术为精益生产插上了翅膀,把一个传统(但不过时)的管理理念推上了一个新的高度。未来,笔者相信企业发现问题的手段会不断进步,解决问题的能力会不断提升,我们所能解决的问题也会越来越多样。例如,数字孪生技术,顾名思义,为我们开辟了一个平行于现实世界的虚拟世界。在这个虚拟世界里,我们可以做各种各样的模拟试验,可以提前看到"未来",由此我们获得了"治未病"的能力。有了这样的技术,我们有望到达"无忧工厂",即任何问题都可以被消灭在萌芽之中。再如,数智技术将大大增强我们解决问题的能力,特别是人工智能技术的飞速发展将极大地增强人类的"脑力",使人类在收集整合信息、数据分析、优化决策等方面都将有飞跃式的发展。总之,现代数智技术的广泛应用将大大提高管理的科学性,而科学管理又将在推动生产力发展中大显身手。

(二) 制造业生态建设的重要性

截至2024年8月,我们走访的企业都是头部企业,但这并不表明我们只需关注金字塔的顶端;相反,笔者认为整个制造业生态的健康发展是绝对重要的,道理很简单,因为没有塔基就没有塔尖。我们经常听到的一个说法是，企业之间的竞争其实就是供应链链条之间的竞争，这说明供应链很重要。或许更好的说法是，企业之间的竞争其实是产业生态之间的竞争。一个企业的竞争力不仅取决于自身的作为，也很大程度上取决于其所在的产业生态是否健康。中国有全球最多的"灯塔工厂"，一个很重要的原因就是改革开放这么多年来我们积累下的产业家底，即优质的产业生态。我们要好好地保护这个生态，并帮助它不断地、健康地成长。在这点上，我们可以从美国的产业生态演变中吸取一点教训。大家知道，20世纪八九十年代，美国制造业掀起了"外包（outsourcing）"浪潮，把劳动密集型的工厂全都搬到低劳动力成本的国家，特别是中国。这次浪潮严重影响了美国的制造业生态，不仅造成了大面积的失业，而且还引发了后续的诸多政治问题和社会问题，当然也为日后中美的紧张关系埋下了一颗种子。因此，我们的产业政策不能只关注"高精尖"，而是要面向整个生态，保护"物种"的多样性，努力打造一个健康、宽广、生机勃勃的产业生态。制造业是国家竞争力的基石，又是就业大户，因此，健康的制造业生态是实现中国式现代化，特别是人口规模巨大的现代化的重要一步。我们应该群策群力，让智能制造的春风吹遍中国整个制造业生态。

（三）安泰行业研究在路上

智能制造是各制造大国的必争之地，因为它代表着第四次工业革命中最先进的制造技术。许多国家都把制造业的发展作为国家战略，中国当然也不例外。中国是世界制造大国，而智能制造则是中国制造业从大到强的必由之路。在企业调研中，我们看到一些先进企业已经朝着智能制造的方向阔步前行了，它们通过数智技术的创新应用为企业创造了价值，赢得了竞争力。我们要让数智技术惠及更多的企业，不断地提高它们的竞争力。先进企业的数字化转型经验值得其他企业学习、借鉴。我们非常欣喜地看到，许多头部企业已经在输出自己的成功经验，如联想、美的、博世、酷特智能等。我想商学院也理应在这方面有所作为，这也是我们在安泰开展行业研究的一个初衷。我们的企业调研才刚刚开始。未来，我们将扩大调研范围，密切关注产业生态发展，梳理成功与失败的经验，研究不同类型、不同发展阶段的企业的数字化转型之路，最终希望能够总结形成中国特色的管理理论，一方面服务中国制造企业，另一方面也为全球制造业的发展贡献中国智慧。◆

【作者介绍】

陈方若，上海交通大学光启讲席教授，现任上海交通大学安泰经济与管理学院院长、行业研究院院长、中银科技金融学院院长、深圳研究院院长、21世纪跨国企业战略研究院院长，兼任全国MBA教育指导委员会副主任委员、AMBA&BGA国际管理委员会理事。

1985年毕业于上海交通大学，随后分别在美国宾夕法尼亚大学摩尔工学院和沃顿商学院获得硕士、博士学位。陈方若教授多年来从事运营管理、供应链管理，以及运营与营销交叉学科等领域的研究。在国际著名学术刊物上发表过大量论文，曾在 *Management Science*、*Operations Research* 等国际顶级期刊担任领域主编。陈方若教授也曾获美国国家科学基金会CAREER奖，是多项中国国家级人才计划项目的获得者。陈方若教授在2018年加盟交大安泰之前，曾任美国哥伦比亚大学商学院终身讲席教授。

产业的平台化趋势及对策

贺东东

摘要

  随着新一代数字技术的易得性和经济性的提升，网络化、数字化和智能化程度在制造业不断升级，更大范围的紧密型的资源调度、生产运营决策和执行具备了可行性，使得平台型组织的效率远大于仅靠供需匹配的外部市场交易效率，每个产业都将面临产业平台化的趋势。产业平台的驱动因素有利益驱动、技术赋能、客户压力和结构化机遇，由此形成了三种主要形式，分别是：龙头企业主导的产业链平台，创新企业创办的产业互联网平台，政府扶持的产业集群平台。本文简要分析了这三种平台的特点、难点和对策。

关键词

产业平台化；产业链平台；产业互联网平台；产业集群平台

【作者简介】

贺东东 树根互联股份有限公司联合创始人、原CEO。研究方向为工业互联网、企业数智化转型。

一　产业平台发展现状

笔者在工业互联网平台公司工作多年,得到的经验是越来越多地打通上下游价值链的产业平台类项目成为我们服务的对象。从2018年至2022年,有将近20个产业链/产业互联网平台类项目实施完成,有龙头企业带动的,如工程机械产业链平台(三一重工)、起重装备制造业数字化工业互联网平台(卫华集团)、智能缝制设备工业互联网平台(杰克集团)、3D打印数字产业化应用(宁夏共享)等;也有创新企业创办的,如包装产业链生产交易平台(千鸟互联公司)、快递运力智慧服务平台(优力电驱动)等。

另外,多地政府制定优惠政策,扶持打造相关的产业集群平台,支持本地重点的产业集群。我们直接服务了多个产业集群平台项目,如长沙星沙区块链产业园平台、郴州市嘉禾铸造产业集群平台、广州全球定制家居产业集群平台、广东湛江小家电产业平台等。

基于实践经验观察,得出一个趋势性的预测,即每个产业都会形成产业链平台,每个产业集群都会形成产业集群平台。

二　产业平台化运营的理论依据和驱动因素

经济学泰斗罗纳德·哈里·科斯曾经定义:"企业的存在是基于企业内部的交易效率高于企业外部市场",以此来判断企业组织合适的边界。企业的交易效率取决于企业的运营管理能力,而企业的运营管理能力与企业的信息技术能力呈正相关。

当前,消费互联网的交易型平台组织已成为主流,是因为消费、服务和文化领域的互联网企业普遍采用了新一代互联网技术和模式,其信息技术能力所带来的运营效率,远超社会化市场机制的交易效率,根据科斯关于公司的定义,消费领域不断成长的大型平台公司,取代平台外部的仅靠市场价格机制的交易主体,已经是既定的趋势。

与此形成反差的,是产业互联网(含制造环节)的平台数量相对少见(不含制造环节的,以交易为主的制造业电商平台,依然可以划为互联网交易平台,与消费类的电商平台是同一个业态),究其原因,是产业(含制造环节)企业目前以传统的工业软件和管理软件为主体支撑,其支持的管理能力和管理模式,是与当前的制造业企业规模和体量相匹配的,并没有对社会化的市场调剂机制形成压倒性优势。

随着新一代数字技术的经济性和易得性的提升,特别是工业互联网、云计算、大数据、5G和人工智能的快速发展,制造业正在开始深度应用新一代数字技术,实施数字化转型,随着网络化、数字化和智能化程度在制造业的不断升级,更大范围的紧密型的微观实时资源调度、生产运营决策和执行,使得平台型组织的效率远大于仅靠供需匹配所形成的市场交易效率,因为除交易的效率之外,还增加了研发设计、生产采购、物流交付等全价值链效率,使得整体的经营活动效率将远超社会化、市场化管理部分。这也就意味着产业平台型组织的规模会迅速扩大,每个产业都将形成产业平台。

发展产业平台,其主要的驱动因素有如下四个方面。

(一) 利益驱动

传统的企业信息化和数字化主要聚焦于提升企业内部的效率,跨企业之间的协同也处于初级的订单流(含订单相关现金流)和信息流水平,很少涉及研发设计和制造协同的领域,使得企业间协同的低效率依然是突出的矛盾。例如,基于上下游生产订单变化的不透明,"牛鞭效应"很常见,当供应链信息流从最终客户端向原始供应商端传递时,由于无法有效地实现信息的共享,使得信息扭曲且逐级放大,导致了需求信息出现越来越大的波动,从而导致供应链上的企业要么库存成本很高,要么出现断供影响生产。

跨企业的研发和生产协同,在各企业本身的效率不变的情况下,会消除跨企业的低效部分,带来产业链的整体效益优化。例如,打通上下游生产协同后,在提升供应链保供能力的同时,能显著地降低整个链条的库存水平。

利益的驱动,使得越来越多的企业开始推动产业链运营的平台化。

(二) 技术赋能

跨企业的平台化运营所需的核心技术趋于成熟,主要表现在其应用成本的降低及易用性的提高,当前相关技术的发展程度已具备支撑产业互联网平台实现规模商业化应用的能力。

以产业互联网平台已有应用技术为例,其涵盖与跨企业场景应用、

图1 产业互联网平台助力产业链/产业集群数字化转型技术图谱

跨企业数据治理及跨企业产能链接相关的九类核心技术（见图1），其经济性和易得性已经能够支撑产业互联网平台的建立。

此外，随着云计算、大数据、人工智能、5G等信息技术的快速发展，特别是生成式人工智能的飞速发展，数字技术的普及在未来将进一步助推产业互联网平台的快速发展。

（三）客户压力

消费互联网普及带来的一个显著变化，就是企业所面临的终端客户需求越来越个性化，并传导至制造业链条的上游企业。另外，在我们所处的乌卡时代，市场环境的不确定性越来越大，对产业链的敏捷反应能力形成了巨大的压力。客户洞察、快速研发、柔性制造（针对个性化需求构建交期、质量和成本优势）的能力将成为各企业构建自身市场竞争力的核心要素，而这些能力的建设有赖于整个产业链上下游的协同水平。因此，个性化的客户需求和不确定的供应链，逼迫各企业在提升自身运营能力之外，要努力打通上下游，实现产业平台化运营。

（四）结构性机遇

制造业相关的交易型平台，已随着消费互联网的普及有了长足的发展，但相比于工业电商平台、采购平台和物流平台等平台生态，从价值链视角来观察，协同制造平台、工业后市场服务平台等与生产制造深度相关的平台，还是个缺失，当然，这就带来了投资和创业的结构性机遇。从企业级到产业链级价值链，笔者分析如下。

（1）企业数字化转型的关键，是以数字技术实现从客户销售到客户售后服务的横向价值链的打通，并结合企业内部生产制造实现从订单到产品的纵向打通（见图2）。

（2）借鉴企业数字化的逻辑，要形成端到端的产业链级别的数字化转型，也需要从产业价值链的维度来看市场能力。当前，电商、设计、采购、物流等平台业态已经非常完善，但是从价值链角度来看，制造协同、后市场服务两个环节（深度研发设计协同也缺失）存在结构性的缺失。因此，打造互联网制造协同平台（包括产品研发设计协同平台）、后市场智能服务平台，并与销售平台形成一体化价值链（见图3），是一个结构性的新机遇。

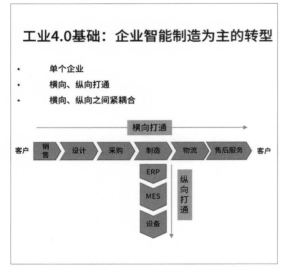

图2 企业数字化转型的关键

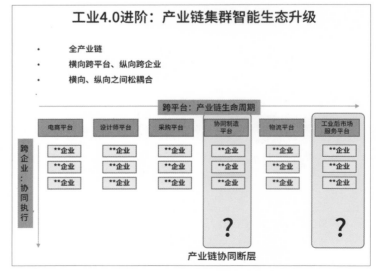

图3 产业链级别的数字化转型

三　三种产业平台的特点、难点和对策

平台化运营，有三种主要模式：龙头企业（链主）主导的产业链平台、创新企业创办的产业互联网平台、政府扶持的产业集群平台。

（一）龙头企业主导的产业链平台

链主企业运用对上下游生态伙伴的影响力，一端打通客户、渠道伙伴，一端打通供应商体系，提升供应链整体的敏捷反应能力，包括提升客户洞察感知能力、降低全链交货周期、降低企业间交易成本、降低产业链库存、提升产品质量等。其特点是通过网络实时链接上下游生产运营动态数据，构建订单销售、订单调整、采购和生产过程、后市场智能服务的实时动态协同体系。

如三一重工构建的产业链平台，打通了从客户到供应商的全链路（见图4），构建了强大的核心竞争力。该平台连接了二十多万家终端客户的九十万台工程设备、全部

的代理商、三百多家供应商，实现了客户和市场洞察、后市场智能服务、产销存主计划的敏捷调整、供应商系统互联、供应商库存共享、供应商排产共享等。产业链上下游实现端到端实时协同，实现工程机械个性化订单从下订单到收货的周期为1个月，远高于同行水平。

1. 难点

第一，能否形成兼顾各方利益的商业模式。在相关经营数据透明共享的情况下，面临如何保障各利益主体的短中长利益等问题，如主机厂如何给供应商定价。第二，链主企业自身能否完成数字化转型，形成较为强大的数字化能力，并有能力辐射到生态伙伴。第三，技术能力能否赋能复杂的产业链商业模式，如对于有多个客户的供应商而言，技术应用是否支持经营数据的精准授权和定向使用，即数据可信使用的体系保障。

2. 对策

调优商业模式，确保生态伙伴的长期利益。龙头企业优先实现本

公司的数字化转型，具备强大的数字化实践和推广能力，然后以实力说服生态伙伴加入产业链平台。同时，使用平台技术和架构，从技术上和规则上，保障数据的确权、授权、应用及安全。

（二）创新企业创办的产业互联网平台

创新企业发起，以订单流量为牵引，整合社会产能，连接社会化的工厂，形成在线生产的"云工厂"模式。这种模式的特点是平台不一定拥有自己的工厂，而是通过网络化连接实时产能的方式，构建分布式的在线生产能力。在前端通过平台的营销推广能力，汇集大量订单，择优分配给加盟的工厂。

例如，印刷包装行业的千鸟互联公司，通过产业互联网平台，连接了上下游50多家造纸厂、600多家打包站、3 700多家印刷包装厂，实现了"印刷包装产业链数字化交易服务商"的业务模式（见图5）。该平台实现单月营收近2亿元。加

工程机械产业链平台：联通产业链上下游，实现端到端协同

依托工业互联网平台，基于市场洞察打造敏捷供应链，提高市场反应速度和风险管控能力，降低全链条库存

图4　三一重工产业链概览

自身业务转型

由废纸回收服务商向"印刷包装产业链交易服务商"的业务转型，单月营收近2亿元

赋能中小企业

印刷包装中小企业，接单量提升15%，设备开工率提高10%以上，采购成本下降，提升企业经营效益

产业链改造升级

实现中小企业产能共享、订单协同、原材料采购协同，促进企业间交易效益大幅提升、产业链流通效率提升、供应链成本降低

① 企业规模小，盈利能力差　　② 订单分配协同困难，生产进度难把控　　③ 企业融资困难

图5　千鸟互联公司案例概览

盟的企业通过赋能改造，使接单量提升15%，使设备开工率提高10%以上；同时通过集中采购，使得采购成本下降，真正实现了中小企业产能共享、订单协同、原材料采购协同。

1. 难点

第一，需要先具备营销能力，获得订单，然后才能以此吸引社会工厂产能上平台；第二，需要构建针对众多工厂的在线生产管理能力，包括派单、生产订单监控、质量管控等能力。

2. 对策

依托销售型公司的订单能力，或者优先构建行业营销能力，是此类平台起步的早期重点。一般来说，首先借助电商模式和新媒体营销能力，提升传统制造业的营销能力，获得营销优势；然后充分运用工业互联网技术赋能，在后端实现对加盟工厂生产过程的实时状态

的感知，形成具备实时网络协同的云制造能力，确保订单交付的QCD（质量、成本、交货期），同时也提升整个产业链的交易效率，降低交易成本。

（三）政府扶持的产业集群平台

区域性产业集群，是我国的一大特色。根据《民营经济驱动产业集群高质量发展研究报告暨2023中国百强产业集群》（中国民营经济研究会、北京上奇产业研究院，2023年3月发布），仅国家部委认定的产业集群总数就达到1 313个，其中百强产业集群汇聚了企业172.8万家，包括上市公司1 748家，专精特新"小巨人"2 419家，国家高新技术企业44 765家。也就是仅百强产业集群，就贡献了全国29.1%的上市公司、20.1%的专精特新"小巨人"和12.1%的国家高新技术企业。自2019年中国先进制造业集

群发展专项行动实施以来，我国先进制造业产业集群建设步伐进一步加快。截至2022年，45个国家级集群总产值突破20万亿元。

产业集群的特点是从事相似业务的大量企业，聚集在一个特定区域，其中中小企业数量大，同质化程度高。比较常见的方式是当地政府为了扶持本地支柱产业的发展，出资补贴（包括直接补贴平台的建设、补贴企业上平台等）建设产业集群平台，针对集群企业进行通用能力的"补短板"，通过平台赋能集群企业提升竞争力。

例如广州全球定制家居产业链项目，通过连接20多家家具企业建立"门店-工厂-物流-安装"的端到端的定制家居产业链平台（见图6）。平台建立所带来的成效显著，实现了拆单效率提升3倍以上，销售转化率提升20%以上，板材优化利用率超过90%，生产效率提升

产业链

广州全球定制家居产业链：
打造定制家居产业链平台，助力中小企业数字化转型

（成功入选工信部2021年工业互联网试点示范项目名单/获CCTV－2《经济半小时》专题报道）

定制家居市场规模达到1 565亿元，前十大企业市场占有率为12%左右，中小企业普遍缺乏独立打造定制家具的数字化能力

《经济半小时》：中小企业"智造突围"

中小企业困局
客户、门店、设计、工厂、物流、安装，各自割裂
涉及10多种软件、130多种生产设备，未能打通
低门槛、低成本的便捷服务

产业链平台
政府支持+平台赋能+行业生态伙伴
形成门店-工厂-物流-安装，端到端平台
中小企业具备定制家具能力
成效显著：拆单效率提升3倍以上，销售转化率提升20%以上，板材优化利用率达到90%，生产效率提升至少10%，订单交期缩短5天

图6　广州定制家居产业链案例概览

至少10%，订单交期缩短5天，此项目成功入选工信部2021年工业互联网试点示范项目名单，并获得CCTV-2《经济半小时》专题报道。

但是，项目建成运营后，由于机制的原因，政府无法提供持续的经费补贴政策、无法建立固定的团队持续进行运营管理。单靠技术平台，项目无法进行业务推广，扩大用户群，导致应用能力停滞不前。

1. 难点

平台建成后，需要持续的运营才能产生效益，但无论是运营的主体还是运营的资金，都无法由政府持续承担，也很难由集群企业承担。

2. 对策

政策鼓励和补贴的对象，应该是运营公司而非技术平台，因此应通过扶持设立运营公司来建设技术平台，并由运营公司负责日常运营，后期通过运营收入获得持续运营的能力。运营公司的设立，可以是政府投资主体联合部分领先的集群企业，合伙投资建设，后期待运营能力形成后，政府股权再逐渐平价退出，以此作为鼓励政策的模式之一。

四　结论及展望

数字技术的飞速发展，特别是工业互联网、新一代人工智能的发展，将极大地提升制造业的智能决策、智能管理、精准执行的能力。制造业运营管理能力的极大提升，会带来组织管理边界的极大扩张，会带来产业组织形态、业务模式和业务效率的极大改变，其中一个主要的趋势就是覆盖产业链上下游和赋能产业集群的产业平台的蓬勃发展。最终，产业平台组织之间，会形成社会化、网络化的智能制造产业体系，取代目前的以单个制造企业为主体的产业生态。各地政府、制造企业、数字技术服务企业、创新企业等主体，如何主动拥抱这一趋势，积极推进产业平台的建设和运营，将是未来竞争的要点之一。◆

【作者介绍】
贺东东，本科毕业于上海交通大学，硕士毕业于中欧国际工商学院。树根互联股份有限公司联合创始人、原CEO，工信部两化融合管理体系工作领导小组成员，国家制造强国建设领导小组工业互联网专项工作组执行委员，工业互联网产业联盟（AII）副理事长，中国信息化百人会成员，第十三届广东省政协委员。曾任三一集团高级副总裁，首席流程信息官，三一印度、三一德国董事长。荣获"2021年拉姆•查兰管理实践奖"，登上2020年度AIoT产业领袖人物榜，荣获2016年度中国信息化建设杰出CIO、2015年《IT经理世界》全国杰出CIO TOP5。

生成式人工智能时代的元宇宙创业

徐　飞　陆亮亮

摘要

　　元宇宙创业是以新一代信息技术的集成式应用为基础,通过增强主体想象意识与虚实场景互动进行机会创造的过程,并由算力、想象力、公信力并行驱动,最终实现社会认同价值的新型创业活动。元宇宙创业以内在构成要素的独特性而区别于传统创业和数字创业,表现出主体无定形、机会自致性、过程分布式、资源多池化、组织DAO形态及产出认同型等特征。由于传统的创业模型无法有效阐明元宇宙创业的运行机制,本文基于元宇宙创业五要素,构建出以虚实相生为核心的元宇宙创业过程模型,为元宇宙创业实践提供了一个具有启发意义的指导框架。

关键词

生成式人工智能;元宇宙创业;虚实相生;机会与风险

【作者简介】

徐　飞　上海财经大学匡时书院院长、原常务副校长、二级教授、博士生导师。研究方向为战略管理、竞争战略与博弈论、创新创业管理等。

陆亮亮　上海财经大学商学院2021级博士生。研究方向为数字创业与公司社会创业。

一　生成式人工智能与元宇宙

当前，生成式人工智能（generative artificial intelligence，GAI）正如海啸一般席卷而来。生成式人工智能依赖于深度学习技术和人工神经网络，其主要目标是让计算机系统能够独立生成新颖和多样化的数据，如文本、图像、音频等，而不仅仅是对已有数据的简单仿真或分类。生成式人工智能是一种独特的人工智能技术，其核心能力在于创造新的内容，而不仅仅是重复已知模式的应用，如ChatGPT。

ChatGPT是Open AI于2022年11月推出的生成式人工智能，具备理解复杂多样的人类语言并生成丰富且结构化的类人响应的能力，令世界为之震惊。仅在五天内，ChatGPT就吸引了100万用户，两个月后用户数已达1亿，创下了增长最快的消费应用程序的纪录。与传统机器学习方法相比，生成式人工智能在创造力、想象力和决策能力方面表现更为出色。它采用深度学习技术，不仅能够提供响应，还能在响应中生成内容，超越了对话式人工智能中的类人交互模式。此外，生成式人工智能可以生成超越其显式编程的新响应，而对话式人工智能通常需要依赖预定义的响应。因此，生成式人工智能可以被视为一种技术，它利用深度学习模型生成类似人类的文本，为各种应用程序提供强大的工具，包括文本补全、语言翻译、情感分析等。这一新技术时代的崛起对各行各业都产生了极为深远的影响。

随着生成式人工智能的广泛应用，元宇宙（metaverse）正迅速崭露头角。生成式人工智能技术使用户能够定制他们的虚拟环境，以获得更加个性化和引人入胜的体验。同时，生成式人工智能还引入了双向文本和语音翻译工具，有助于用户在不同语言和文化背景下进行交流和互动，从而增加了多样性、公平性和包容性，让更多人能够轻松访问元宇宙。

"元宇宙"一词最早出现在1992年美国科幻小说《雪崩》（*Snow Crash*）中，其在学术领域的使用可追溯至1995年斯蒂芬·布迪安斯基（Stephen Budiansky）在《新科学家》（*New Scientist*）上发表的一篇论文，用来描述一个由无数虚拟现实空间构成的网络世界。如今，随着生成式人工智能、高精度机器学习及深度学习模型不断涌现，加上新冠疫情后社交网络和远程通信的大幅发展，元宇宙获得了极大普及，其定义也跟着发生变化，主要出现以下三种视角。第一种将元宇宙视为虚拟世界，例如斯蒂利亚诺斯·米斯塔基迪斯（Stylianos Mystakidis）将元宇宙定义为一个身临其境的持久性数字基础设施，它承载着多个虚拟世界，每一个虚拟世界都由一系列使能技术支持，这些技术为创建、共享和消费数字工件提供了条件。第二种将元宇宙视为下一代互联网，如金周永（Jooyoung Kim）认为元宇宙是基于云计算、区块链、人工智能等多项技术开启的"第三代互联网"。第三种将元宇宙视为现实与虚拟相互作用并创造价值的空间，例如中国学者沈阳认为元宇宙是融合多种信息技术的新型互联网业态和数字社会形态，实现了虚拟与现实的完美结合。

关于元宇宙的构成分析，业界也存在不同的观点。目前公认的是由乔·拉多夫（Jon Radoff）提出的七层架构，从顶层性能到底层支持依次为体验、发现、创造者经济、空间计算、去中心化、人机互动和基础设施。本文将其总结为技术基础层、人机交互层和实际应用层三个方面，展示了元宇宙结构的基本规律（见图1）。

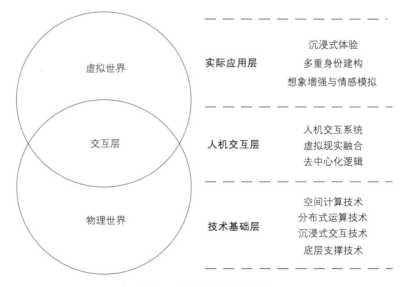

图1　元宇宙的构成分类

技术基础层主要是指搭建元宇宙的最基本的技术，包括但不限于空间计算技术（如游戏引擎技术、扩展现实技术、地理空间映射）、分布式运算技术（如边缘计算、区块链）、沉浸式交互技术（如人工智能、增强现实、数字孪生）及底层支撑技术（如5G、云计算）。通过整合上述"技术工具箱"，从而使输出的"世界"更加立体和逼真。

人机交互层涵盖了以下方面：① 人机交互系统。用户通过人机交互界面不断了解产品功能和具体操作，在持续互动中修改自己的心智模型。交互行为需要通过智能可穿戴设备得以实现。② 虚拟现实融合。人机实时互动并非完全发生在物理世界或虚拟世界中，而是在虚拟与现实相生的环境中进行。③ 去中心化逻辑。区块链技术的普及对传统社会形态造成了极大冲击。元宇宙吸引人的地方不仅在于技术进步带来的感官体验，更在于让每一个用户都能真正参与建设和治理。因此，去中心化逻辑激发了人们对理想社会的追求。

实际应用层包括了以下方面：① 沉浸式体验。元宇宙通过数字孪生技术精准复刻了物理世界的三维空间，其"沉浸现实性"赋予了参与者身临其境的特殊感觉和控制能力。② 多重身份建构。在元宇宙中，身份是复杂且流动的。用户通过数字化身进行多重身份建构与选择，既可以跟随个体想象任意改变，也可以根据不同的应用目的而专门定制。③ 想象增强与情感模拟。元宇宙技术的可生成性扩展了个体想象力，让任何构想都有实现的可能性；沉浸式场景让用户在心理和

情感上全方位模拟目标对象，精准把握对方需求。

此外，从学理上看，元宇宙有着底层架构和内层核心之分。

从底层架构看，信息基础设施包括计算、存储、网络宽带、增强现实/虚拟现实、脑机接口、低代码平台和以区块链为代表的可信数字底座；互操作系统能够让元宇宙的参与者在现实世界和数字世界之间实现自由切换，在两个世界自由流转；内容生产系统包括图形引擎、虚幻引擎、用户生成内容（UGC）、专业生成内容（PGC）和人工智能生成内容（AIGC）等；价值结算系统主要包括产权交易规则，在元宇宙中数字世界和现实世界将在价值层面融为一体。

从内层核心看，身份是元宇宙的每位居民都需要的身份识别码，在元宇宙社会中具有重要地位；应用是元宇宙的入口和体验场景，元宇宙发展早期的应用主要包括游戏、社交、电商等；激励是元宇宙的必要组成机制，通过为人们在元宇宙中的生产、劳动和学习提供全面激励，以激发他们的积极性；治理则是元宇宙需要依靠法律法规等强制性力量及伦理道德、社会价值观等自律机制来约束居民和组织的行为。

综上，笔者认为，元宇宙是以信息基础设施、互操作系统、内容生产系统、价值结算系统作为底层架构的数字生活空间，其内层核心是通过应用和身份联结现实居民，并由社会激励和治理规则维系人际关系和系统运转，反映人类社会的数字化"大迁徙"和数字化生存。

二 元宇宙创业的概念界定

全球创业进步的很大一部分取决于技术变革，因而许多研究强调技术作为创业推动者的作用。元宇宙集成了云计算、区块链、人工智能、5G和计算机视觉等最先进的技术，驱动现实世界和数字世界融合在一起，并基于增强现实技术提供沉浸式体验、依托数字孪生技术创建镜像世界，以及通过区块链技术搭建经济体系。元宇宙这一看似未来主义的东西为今天的新形式创业打开了大门。作为下一代互联网中的新生创业形态，元宇宙创业方兴未艾，有望成为人类创业理论与实践演化进程中的重要历史节点。目前，仅有少数研究探讨了元宇宙与创业的关系，但从业界对元宇宙创业的定义可以看出，元宇宙正对以往创业要素、流程和模式产生重大转变。

业界对元宇宙创业的认知大致可分为三种，各自强调不同的核心要点。第一种观点认为，元宇宙创业是数字技术集成式创新与应用驱动的结果。数字技术作为元宇宙的核心支柱，为其建设、运行和发展提供了重要基础。元宇宙创业在多种复杂技术的支持下，能够在不同领域及其整合过程中开发新的商机。例如依托于粉丝经济的虚拟偶像直播带货就是数字技术驱动的元宇宙创业活动。第二种观点认为，元宇宙创业源于个体想象力的爆发。元宇宙所具有的时空拓展性激起创业者无尽的遐想，并在沉浸式交互体验中快速进入心流状态，形成基于想象力的创业体验。因此，元宇宙创业不仅受算力影响，更受人类想象力的驱动。以元宇宙文旅

创业为例,它展现了以想象力为核心的宏伟工程,彰显了想象力在元宇宙创业过程中的重要性。第三种观点认为,元宇宙创业是虚拟现实场景相融带来的全新体验。元宇宙是联通虚拟与现实的桥梁,创造了平行于现实世界的虚拟场景,为创业实践提供了丰富的场域支持。多元化的虚拟现实场景连接既满足了创业研究的情景化要求,又为元宇宙创业实践提供了生动的观察与实验场所,因此是塑造元宇宙创业的重要组成部分。以元宇宙城市景区创业为例,它展现了一个高度量化的虚拟场景构建过程,为创业者提供了探索并开发全新商业模式的机会。基于上述观点,本文将元宇宙创业界定为:以新一代信息技术的集成式应用为基础,通过增强主体想象意识与虚实场景互动进行机会创造的过程,同时由算力、想象力、公信力并行驱动,最终实现社会认同价值的新型创业活动。

三 元宇宙创业的构成要素

元宇宙以虚实相生的方式描绘真实社会生产活动,同时承载着人类先进的社会想象和发展理念。正如数字技术的兴起带来了新的价值范式,元宇宙的兴起将给现有创业活动带来一种"创造性破坏"。当前,元宇宙创业的构成要素正在形成(见图2),具体包括以下内容。

(1)数字技术集成式应用是元宇宙创业的基础建设。元宇宙承载着人们对数字技术的终极想象,其对创业模式的塑造被认为是创业发展的下一种形态。虽然现有的数字创业研究已经涉及虚拟现实、人工

智能、区块链等多种形态的新技术对创业的影响,但仍然存在一些有待完善的地方。例如数字创业观点仅论述了某种具体技术或现阶段数字技术对于传统创业理论假设的改变,并未关注到由多种数字技术组合而成的"技术工具箱"带来的创业影响。

(2)Z世代主体是元宇宙创业的主要行动者。类似于与互联网一起成长的数字原住民,Z世代已经成长为元宇宙的原住民,并热衷于从事各类活动。Z世代和阿尔法世代伴随着虚拟实境成长,更熟悉并愿意在那里创造创新。元宇宙的互操作性也带来多世界连接和价值转换,为Z世代提供了更大的想象空间和创造自由,促进了"创作者经济"的繁荣。

(3)虚拟现实场景是元宇宙创业的重要载体。元宇宙作为整合多种数字技术的虚实相融世界,创造了丰富的经济系统、社交系统、身份系统等,同时也为创业者提供了独特的机遇,使其拥有生动的观察和

实验空间。创业者可以在数字世界与物理世界之间无缝过渡,并以第一人称体验虚拟实境,并与他人共享体验。

(4)基于区块链技术的去中心化创业实践。区块链技术的进步促进了数字货币、智能合约及元宇宙中人工制品的发展,同时也为创业者提供了丰富的机会。非同质化通证(NFT)是一种建立在区块链技术上的加密数字权益证明,具有不可复制、篡改、分割的特性。进一步地,NFT赋予了资产情感价值、增值属性、跨领域流动性及自组织性[如去中心化自治组织(decentralized autonomous organization,DAO)]。作为一种去中心化的账本技术,区块链提供了推动创业变革的机遇,使得传统创业方法发生革新。

(5)基于共享文化和Web 3.0的创业生态形成。共享文化民主化了创业者的创新获利过程,并提高了其创造力水平。Web 3.0描述了一种由用户而不是少数大型科技公司控制的互联网运动。共享文化作

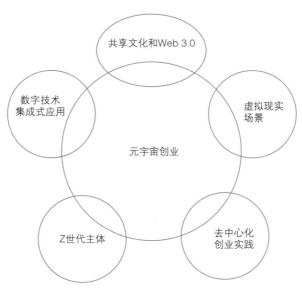

图2 元宇宙创业的构成要素

为一种环境氛围与 Web 3.0 理念相关联,因为它反映了用户分享他们的知识并相互支持,以实现共创共生的更大利益。因此,共享文化是元宇宙创业生态形成的关键要素。

四 元宇宙创业的特征分析

元宇宙对创业活动产生了革命性影响,从根本上改变了传统创业的基本内容。为更好地理解元宇宙创业,彰显其独特性,笔者从创业主体、创业机会、创业过程、创业资源、创业组织和创业产出 6 个方面将元宇宙创业与传统创业、数字创业进行对比分析(见表 1)。

第一,在创业主体上,传统创业倾向于把创业者视为具有浓重的英雄主义色彩的特殊人群。数字技术的可编辑性与开放性使得创业主体具有弱预设性和模糊性。而在元宇宙社会形态中,人人都可以成为创业者。在这种背景下,创业者构成更加丰富,包括全职创业者、混合创业者、体验创业者,甚至是虚拟人创业者。创业者的特征也大不相同。以往创业研究关注创业者的经验、能力及社会网络等禀赋与资源。而元宇宙的人机融生性带给创业者 3 种身份形态,包括自然"真身"、虚拟"分身"和机器"假身",这种无定形特征能够拓展创作者的行动时空,从而提升创业效能。传统创业只是少数人的冒险行为,而元宇宙时代人人都是创业者,非专业创业者也能创造高质量作品。因此,元宇宙创业逐渐成为每个人的日常,同时也是基于多样化的参与者持续性想象和创造下的体验活动。

第二,在创业机会上,传统创业机会往往源自创业者的个人经验,以及对新技术、新知识和新市场的及时把握。数字创业机会源自对技术趋势、市场需求和新兴解决方案的发现,包括对技术革新的理解、对现有服务或产品的改进,以及对消费者需求的深入洞察。此外,数字创业机会也常常由新的商业模式、数据驱动的创新及数字平台发展带来。元宇宙创业机会源自对虚拟世界与现实世界融合的需求和可能性的认识,包括转化先前不可能实现的创意、为用户提供沉浸式体验的方法创新,以及构建新产品和新服务的能力升级。此外,元宇宙还激发了混合身份驱动下创业者自我创造新机会的可能性。这种机会的发现和创造既需要创业者对市场有深度的了解,也需要其发挥想象力构思新颖主张。

第三,在创业过程中,传统创业通常有清晰的时间阶段划分和预定义的创业计划。以数字工件、数字平台和数字基础设施为代表的数字技术改变了传统创业过程,促使创业过程与结果的边界日益模糊,并以多主体共创方式抵消创业的不确定性,但依然带来平台垄断、数字鸿沟等问题,制约着数字创业优势。元宇宙创业过程更强调沉浸反思与分布治理。一方面,元宇宙场景的感官沉浸性为创业者制造了更多的心流体验。元宇宙创业通过基于现场感、真实感和参与感的沉浸式体验,激发出了创业者强烈的同理心等情感效果。另一方面,元宇宙的去中心化使每个个体都成为重要的数据节点,元宇宙创业成为一个基于社会共识的分布式创业过程平

台,使得其垄断行为变得更加困难。例如,Roblox 平台上的游戏创作是由开发者和玩家共同设计规则的。

第四,在创业资源上,传统创业重视对有形资源及无形资源的获取、配置和利用,尤其是具有乌卡时代特征的人力资本、社会资本等撬动创新与机会的资源。数字创业情境下的资源发生了重大改变,具有海量性、共享性及高速增长性等属性的数据资源成为数字创业的核心资源。相比之下,元宇宙创业所需的数据资源更加全面,涵盖了虚拟和现实的空间数据、过去和未来的时间数据,以及真实身份和虚拟化身的主体数据等。获取这些相关资源需要依赖于元宇宙的开放网络,创业者能够接触到更多样化的资源池,并通过资源调配机制实现对虚拟与现实世界中机会和资源的精准匹配。

第五,在创业组织上,传统的创业组织一般采用科层制结构来提高组织管理效率和保障信息传递顺畅。数字化时代的创业组织更加注重灵活性,因而趋向赋能型的扁平化结构,如平台型组织。这种新型创业组织需要互联网法律和数据知识产权体系来提供必要保障。元宇宙的去中心化特征大大减少了信息不对称和市场摩擦,改善了个体与企业间的不平等态势,极大地提升了资源交换、整合的效率与有效性。DAO 是一种适应元宇宙的创业组织形式,建立在去中心化的智能系统上,由其成员所拥有,因此需要社会包容性监管及共生文化理念来充当一种"护栏"机制。

第六,在创业产出上,传统创业重视经济绩效表现,主要由供给

表 1　元宇宙创业与传统创业、数字创业的比较

维度	传 统 创 业	数 字 创 业	元 宇 宙 创 业
创业主体	具有浓重的英雄主义色彩的特殊人群	弱预设性、模糊性的个体或团队	人人都是创业者、主体无定形
创业机会	来自创业者的个人经验及对新技术、新知识和新市场的及时把握	源自对技术趋势、市场需求和新兴解决方案的发现	转化先前不可能实现的创意及发挥想象力
创业过程	清晰的时间阶段和预定义的创业计划	无边界性与共创性	沉浸反思与分布治理
创业资源	具有乌卡时代特征的资源	具有海量性、共享性及高速增长性等属性的数据资源	全方位的数据资源，多样化的资源池
创业组织	科层制的组织结构	扁平化的组织架构	去中心化的自治型组织
创业产出	有价值的、稳定的产品和服务	个性化、定制化及持续创新的产品和服务	递归演化的社会认同价值

方主导，目标是将创业机会转化为市场上有价值的、稳定的产品和服务。数字创业关注需求方的要求，强调与用户共创价值，提供个性化、定制化的产品和服务，并在持续创新中不断改进。元宇宙创业依赖于底层技术如区块链的不可篡改性，建立在社会共识机制之上。在人人都是创业者的元宇宙中，元宇宙创业的价值创造是开放且共享的，基于共同认知的创业行动将在递归演化中创造社会认同价值。

五　元宇宙创业的运行机制

虽然数字创业研究调查了人工智能、区块链和大数据等特定技术如何改变创业，但我们仍然对由多种数字技术集成式构建的元宇宙如何重塑创业过程缺乏了解。当前，元宇宙创业研究正处于起步阶段，传统创业模型无法有效阐明元宇宙创业的运行机制。因此，本文提出基于元宇宙虚实相生的本质，关注元宇宙创业的前因、过程和结果，希冀以研究命题的形式来对元宇宙创业运行机制做出科学解释，从而构建元宇宙创业的过程模型（见图3）。

元宇宙为每个人提供了成为创业者的机会，但并非所有人都会踏上元宇宙创业之路，这与个体特质息息相关。元宇宙创业的核心在于内容的创作，这需要个体具备丰富的创意想象力，并将想象力与任务场景中所需的知识相结合。在元宇宙中，场景的高度开放与自由互动性，一方面极大地释放了个体想象力，让高度个性化、风格化的创意制品成为可能的创业机会；另一方面虚实互动的场景变化对创业者提出了更高的要求，个体需要不断地学习和理解用户的心理图式及所处环境，才能创作出更贴近用户的制品。因此，提出命题1：拥有创业想象力与持续学习力的个体通过创造性生成及动态性适应，更容易开展元宇宙创业。

数字技术的集成式应用为元宇宙创业提供了完整"工具箱"。有别于互联网时代的技术工具化，元宇宙技术具身化促使创业者从以肉身为基础的生物人进化到人机互嵌的"赛博格"（cyborg）。在技术具身化过程中，创业者颠覆了传统的价值创造主体结构，拥有自然人真身、虚拟化身和高仿人机器人三重行为形态，能够在多个场景中以多重身份从事创业活动。此外，元宇宙技术的互操作性提高了创业活动的开放性与交互程度，在分布式共享中将创作的掌控权交还给了每一个体，从根本上提升了创业积极性。因此，提出命题2：技术具身化与互操作性通过多重分身建构及分布式共享，更有利于元宇宙创业的发生。

元宇宙作为连接虚拟与现实的桥梁，其沉浸式场景为参与者带来身临其境的体验。这种体验不仅能激发创业者的创新想象力，发现创业机遇，也要求他们在不同场景

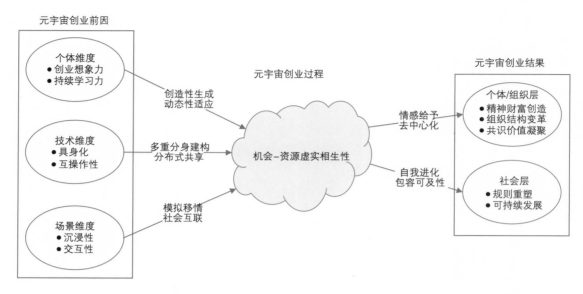

图3　元宇宙创业的过程模型

中根据身份构建的逻辑行事，创作内容也需要适应特定场景，以满足客户需求。沉浸式场景有助于创业者模拟并感知用户的心理和情感体验，同时支持他们洞察这些体验的根源，并提供解决方案，以更精准地抓住创业机遇。此外，元宇宙场景的虚实互动性为创业者提供了持久、共享的社会体验，有助于重新定义元宇宙创业的价值创造和分配方式。因此，提出命题3：具有沉浸性与交互性特征的场景更容易让创业者产生模拟移情与社会互联，从而提高元宇宙创业的可能性。

元宇宙并非一个简单的虚拟空间，而是包含纯粹现实空间、纯粹虚拟空间及虚实交叉空间的整体化"新世界"。虚拟与现实互动构成了元宇宙世界的核心特征，两者不仅存在着派生关系，还在深度交融中创造了巨大价值，有望重新定义我们的生产和生活方式。此外，元宇宙的虚实相生性拓展了机会与资源的存在空间和形式，通过数字孪生技术和数字原生技术对物理空间

机会与资源进行复刻、拓展和互补，从而满足用户沉浸、自在、虚实结合的发展需求。元宇宙创业的价值创造同样离不开对机会与资源的开发利用。从行动机制上讲，元宇宙创业就是对虚拟世界与现实世界中机会和资源的相互应用。因此，提出命题4：元宇宙创业以虚实相生为核心，虚实相生程度越高，创业成效就越好。

基于分布式共享的元宇宙创业超越了传统创业的价值产出，不仅创造经济价值，还让创业者更深刻地体会到社会情感，从而丰富其精神财富。元宇宙创业的去中心化逻辑使得平台型组织的作用变小，创业者通过动态演化的协作模式形成以价值共识为基础的元宇宙创业的神经元——去中心化自治组织，并在个人与组织间的交换行动中将知识、体验、情感资源沉淀为集体共识价值。因此，提出命题5：元宇宙创业促进创业者物质财富与精神财富的创造，并推动组织结构变革与共识价值凝聚。

共识价值的持续凝聚与发展必将涌现出新的规则体系。元宇宙创业作为一项充满不确定性与不断自我进化的事业，虚实相生的价值创造方式将深刻改变传统创业行动逻辑与社会经济基本规则。此外，元宇宙创业具有重要的社会意义，是包容性力量的重要组成部分。基于区块链技术的智能合约和分布式账本使得元宇宙创业的资源分配与价值创造更加公正和透明，有助于弥合数字时代的社会鸿沟，以及实现虚拟与现实两个世界的可持续发展。因此，提出命题6：元宇宙创业呈现出自我进化的生命特征，其包容可及性有望实现未来社会的可持续发展。

六　元宇宙创业的机会与风险

风险投资家马修·鲍尔（Matthew Ball）强调："元宇宙将深刻改变几乎所有行业和职能，创造新的产业、市场和资源，以及催生全新类型的技能、职业和认证。这些变革的综

合价值预计将达到数万亿美元。"根据Gartner最新发布的《2023年十大战略技术趋势》，元宇宙位列其中，并预测到2030年，全球元宇宙技术市场规模将从2022年的470亿美元增长至接近6 790亿美元。

当前，中国元宇宙产业的发展前景备受瞩目。根据研究机构的数据，到2030年，中国虚拟"数字人"市场的总规模将达到2 700亿元。上海市于2022年7月发布了培育"元宇宙"新赛道的行动方案，预计到2025年，相关产业规模达到3 500亿元。此外，工信部工业文化发展中心已于2023年2月开始筹建工业元宇宙服务平台，为该领域的发展提供了新的机遇。这些数据和举措都表明，元宇宙已经成为未来发展的一项重要趋势，将在各个层面改变我们的生活和经济格局。

元宇宙创业充满了丰富的机会，横跨多个领域，包括自动写作与内容生成、医疗诊断与图像生成、艺术创作与设计、虚拟现实与游戏开发、科学研究与创新、语音合成与音乐创作、教育与培训等。

值得注意的是，当前的元宇宙创业机会可以从四个关键方面加以把握：前端、后端、场景和数字内容生产。在前端方面，关注的焦点包括元宇宙所需的典型技术，如增强现实、虚拟现实、混合现实（MR）等，以及为虚拟内容的生产提供底层基础设施的支持。在后端方面，关注的领域包括专用芯片、新一代引擎、工具平台等基础设施或虚拟资产，这些组成了元宇宙的支持系统，为创业者提供了关键资源。在应用工具和商业场景上，焦点可以集中在内容、社交、游戏等领域，这些领域在元宇宙中具有巨大的潜力，可创造出丰富的体验和商机。在数字内容生产方面，用户生成内容、专业生成内容及人工智能生成内容都值得高度关注。特别是人工智能生成内容，它的优势在于能够降低创作门槛和成本，让更多人能够参与内容的创作和市场运营。将这些内容引入元宇宙世界中，不仅能够丰富内容生态，还能够提高用户黏性，创造更多商机。

恰如任何事物都有两面性一样，元宇宙创业的风险和隐忧同样不容忽视。

首先，元宇宙依赖实时在线技术，但这方面还有很多技术挑战需要克服。网络稳定性和可扩展性仍然需要不断改进，以满足不断增长的需求。

其次，随着元宇宙中的数据交互增加，隐私和数据保护问题凸显。保护用户数据安全和隐私权变得至关重要，但目前的防护机制还有提升的空间。

再次，元宇宙的法律法规和监管政策尚未完善，这为一些不法分子提供了机会。需要建立更全面的法律框架，以确保元宇宙环境的合法性和公平性。

最后，元宇宙可能会引发一些社会问题，如人际关系异化和"去尊严"等。这些问题需要深入思考和解决，以确保元宇宙的发展符合社会的核心价值观。

因此，我们必须充分认识到元宇宙产业的发展是一把"双刃剑"，虽然它为未来社会提供了巨大的发展机会，但伴随着相当大的不确定性和风险。在这一新兴领域，我们需要不断努力，加强管理制度和治理体系的建设，以确保元宇宙创业的可持续性和安全性。◢

【参考文献】

［1］ Budiansky S. How to build a metaverse［J］. New Scientist, 1995, 148（1999）: 32–35.

［2］ Mystakidis S. Metaverse［J］. Encyclopedia, 2022, 2（1）: 486–497.

［3］ Kim J. Advertising in the metaverse: research agenda［J］. Journal of Interactive Advertising, 2021, 21（3）: 141–144.

［4］ 沈阳. 元宇宙不是法外之地［J］. 人民论坛, 2022（7）: 44–47.

［5］ Radoff J. The metaverse value-chain［EB/OL］. （2021-04-07）［2023-05-27］. https://medium.com/building-the-metaverse/the-metaverse-value-chainafcf9e09e3a7.

【作者介绍】

徐飞，二级教授、博士生导师，美国哈佛大学、麻省理工学院高级访问学者。历任上海交通大学副校长，西南交通大学校长，上海财经大学常务副校长。先后兼任中国管理学会组织与战略专业委员会副主任，中国铁道学会副理事长，上海市行为科学学会会长，上海市管理科学学会副理事长。现任教育部高等学校创新创业教育指导委员会副主任，中国职业技术教育学会副会长，中国高等教育学会创新创业教育分会理事长，中国高质量MBA教育认证（CAMEA）工作委员会副主任，"中国创新创业创造50人论坛"主席。

出版著作20余部、教材9部、发表论文180余篇。主持科技部国家重点研发计划、国家自然科学基金等多个科研项目。荣获教育部科学研究优秀奖、国家级教学成果奖多项，上海市教学成果特等奖1项。兼任《战略管理》副主编，《系统管理学报》资深编委。

从地主到链群主的蜕变
——数智化助力企业扛起新3M千斤重担

侯文皓

摘要

　　本文以全球制造业全链化、数智化、规模化的最新趋势为背景,深入探讨了制造企业在三方挑战的"新环境"中面临精益3M的"新问题"时,采取三大"新策略"达成卓越运营"新目标"的课题。具体而言,制造企业身处需求端、供给端和宏观环境三方挑战共同影响的"新环境"中。相应地,传统精益管理的"3M"问题在当前环境下表现为覆盖整个订单周期、整个产品生命周期的浪费、波动和过载问题,形成端到端全价值链维度的"新问题"。为了解决这些"新问题",笔者创新性地提出了"以精克费""以柔克繁""以韧克变"三大"新策略",分别从消除浪费、增强柔性、提升韧性的角度助力制造企业成功破局。此外,笔者还阐述了以业务价值为导向、以技术和组织为赋能的三圈联动的数智化转型方法论,为企业数智化转型点亮"新目标"提供了正本清源的实践框架。

关键词

新3M理论;以精克费;以柔克繁;以韧克变

【作者简介】

侯文皓　麦肯锡全球合伙人,清华麦肯锡数字化能力发展中心创始人和领导人。研究方向为企业数字化转型、精益运营。

一　全链化、数智化、规模化：来自全球灯塔网络的启示

最近10年，制造业生产率停滞不前，需求愈加分散，创新更是姗姗来迟。少数企业已成功跨越试点阶段，在实践中大规模推广第四次工业革命带来的创新，实现了业务规模的大幅增长、运营效率的空前提升和可持续发展。然而，多数企业似乎仍深陷实体工厂层面的"试点困境"中，难以将数字化用例的单体试点推广至整个工厂的部署上。部分突围"试点困境"的企业，也会进一步面临"扩展衰退"的考验，在打通端到端的"由点到线"价值链扩展和向整个生产网络伸展的"从一到多"规模化扩展时困难重重。时至今日，真正点亮数智化未来的企业屈指可数，大部分制造企业仍然处于汪洋大海的巨浪和迷雾之中，亟待漫漫长夜中的北辰星指引方向。

幸运的是，在过去几年间我们看到一批以"灯塔工厂"为代表的顶尖制造企业成功利用先进技术和方法推动增长、提高供应链韧性和实现环境可持续性。作为全球制造业的产业转型和技术创新示范，这些最先进的制造者为广大制造企业勾勒出在第四次工业革命中脱颖而出的最佳实践。在来自不同地区和行业的灯塔企业中，我们观察到定义先进制造卓越竞争力的三个关键词：全链化、数智化、规模化。

首先，"全链化"是先进制造的价值广度。在众多制造者仍然着眼于部署面向数字化工厂的业务场景之时，领先制造企业率先突破工厂"四面墙"的物理边界，积极打造全价值链一体化运营的数字化企业。我们统计并归类了从2020年到2022年的灯塔企业五大最佳用例（见图1），可以明显看到：在2020年，"灯塔工厂"部署最多的前五个用例无一例外均为生产制造领域的业务场景，其他业务领域的用例尚未成为数字化投资焦点；而到了2022年，最受欢迎用例组合则发生显著变化——端到端供应链可视化和智能采购成为排在前两位的用例，在生产制造领域选择最多的用例也是同供应链密切相关的智能规划。通过将数字化转型的范围由工厂延展至研发、采购、供应链、物流和客户服务，领先制造企业将价值实现推向全新高度。

其次，"数智化"是先进制造的技术深度。与人工智能在商业互联网世界日新月异的进步形成鲜明对比的是，人工智能在工业制造世界的发展成效甚微。如何识别高价值场景、获取高质量数据、开发高效能

全链化："灯塔工厂"的用例聚焦正在逐渐从生产制造扩展至端到端全价值链

用例分类	总计（2020—2022年）灯塔数量占比（n=87）	2020年（n=38）	2021年（n=36）	2022年（n=13）　■ 5个最佳用例
柔性自动化	13	10	17	8
基于高阶分析的工艺控制	10	11	11	5
智能规划	8	8	7	11
数字化业绩管理	7	10	4	8
员工透明化管理	6	7	5	5
质量分析	6	5	8	5
人工智能检查	6	5	6	6
端对端供应链可视化	5	5	2	15
能源管理	5	5	4	6
数字化产品开发	4	3	7	0
预见性维护	4	4	4	3
数字孪生	3	3	3	6
智能采购	3	0	2	12
数字主线	2	2	3	0
客户联络	2	2	3	2
质量管理系统	2	3	1	2
基于状态的监测	2	3	1	2
物联网平台	2	3	2	0
机器人流程自动化	2	3	1	3
可持续性优化	2	1	3	0
其他	7	9	6	3

注：1. 数字化绩效管理。

　　2. 灯塔引用的用例为已实施的4~5个影响最大的用例之一。

　　3. 仅为2022年上半年数据，未包含2020年之前认证的灯塔用例。

（资料来源：世界经济论坛全球灯塔网络，小组分析）

图1　2020—2022年"灯塔工厂"五大最佳用例

模型、整合高水平人才，是困扰制造企业点亮工业人工智能的连锁挑战。在人工智能应用的破冰征程上，"灯塔工厂"以探路者的姿态先行一步，业已取得了令人瞩目的成果（见图2）。在第1批"灯塔工厂"中，仅有14%的申报用例是采用应用型人工智能技术的；而在第11批"灯塔工厂"中，我们看到人工智能用例比其他数字化技术还要普遍（58%的用例采用了应用型人工智能），这个数字在5年内迅速增加了3.1倍。更值得一提的是，最新批次的每一家新"灯塔工厂"都至少有一个生成式人工智能项目正在进行中，许多项目在短短几周内得以落地，而非几个月和几年。"灯塔工厂"向整个制造界证明着工业人工智能的时代已在进行时。

最后，"规模化"是先进制造的扩展稳度。大规模实施第四次工业革命技术是实现长期增长的关键，"灯塔工厂"揭示了赋能转型扩展至关重要的六个核心要素。图3就是这份凝结灯塔智慧的规模化行动指南——它就像一辆行驶在数智变革之路上的跑车，顶层战略是GPS系统，腰部能力是发动机，采用和推广是控制着方向盘的驾驶员。正如GPS系统为车辆提供正确的一致的导航指引一样，领先制造企业印证了战略路线图的重要性——它帮助高层领导团队在转型愿景、价值和路线图方面达成一致，规划以长期竞争优势为导向的价值优先级，明确不同用例在不同场域的实施次序。在腰部能力领域，领先制造企业重塑了驱动规模化转型的"引擎"——数字化人才是提供交付原动力的活塞，敏捷运营模式是将跨职能团队整合为敏捷交付力量的曲轴，物联网架构是推动组织更容易地采用技术部署用例的传动系统，数据架构和治理是确保用例支持高质量决策的正时皮带。在具备了正确的导航、强劲的动力以后，我们还需要一位时刻关注路况、持续调整方向盘的驾驶员。近70%的领先制造企业认为有效的变革管理，包括高效运转的中央转型办公室和体系性的理念与行为变革，是其转型取得规模化成功的最重要因素。

在全链化、数智化、规模化的"灯塔工厂"画像背后，领先制造企业正在努力应对的是一个影响全球制造业未来发展的全新议题，即如何解决复杂环境中的复杂问题？而为什么它们主动奔赴"全链化"？因为制造业所处的环境空前复杂。在瞬息万变的乌卡时代，制造企业需要应对无法预测的来自客户、供应网络、贸易、政治、环保等多方因素的变化。为什么它们积极求索"数智化"？因为制造业需要解决的问题日趋复杂。当前摆在制造企业面前的问题不再是依靠标准自动化方案或商业智能驾驶舱就能解决的。综合应用信息化、运营技术、数字化技术、人工智能等多学科技术，企业才能踏上数智化卓越运营的崭新平台。

全球"灯塔工厂"网络拉开了未来制造新征程的帷幕，并为全体制造者设定了一个远大的奋进愿景：以数智化转型（新模式）助力企

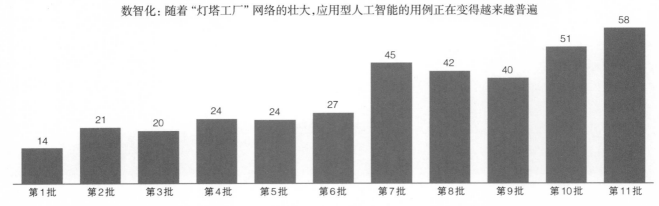

数智化：随着"灯塔工厂"网络的壮大，应用型人工智能的用例正在变得越来越普遍

第1批	第2批	第3批	第4批	第5批	第6批	第7批	第8批	第9批	第10批	第11批
14	21	20	24	24	27	45	42	40	51	58
2018年9月	2019年1月	2019年7月	2020年1月	2020年9月	2021年3月	2021年9月	2022年3月	2022年10月	2023年1月	2023年12月

注：平均每家"灯塔工厂"占其前五用例的数量百分比。
（资料来源：世界经济论坛）

图2 "灯塔工厂"中应用型人工智能用例占比

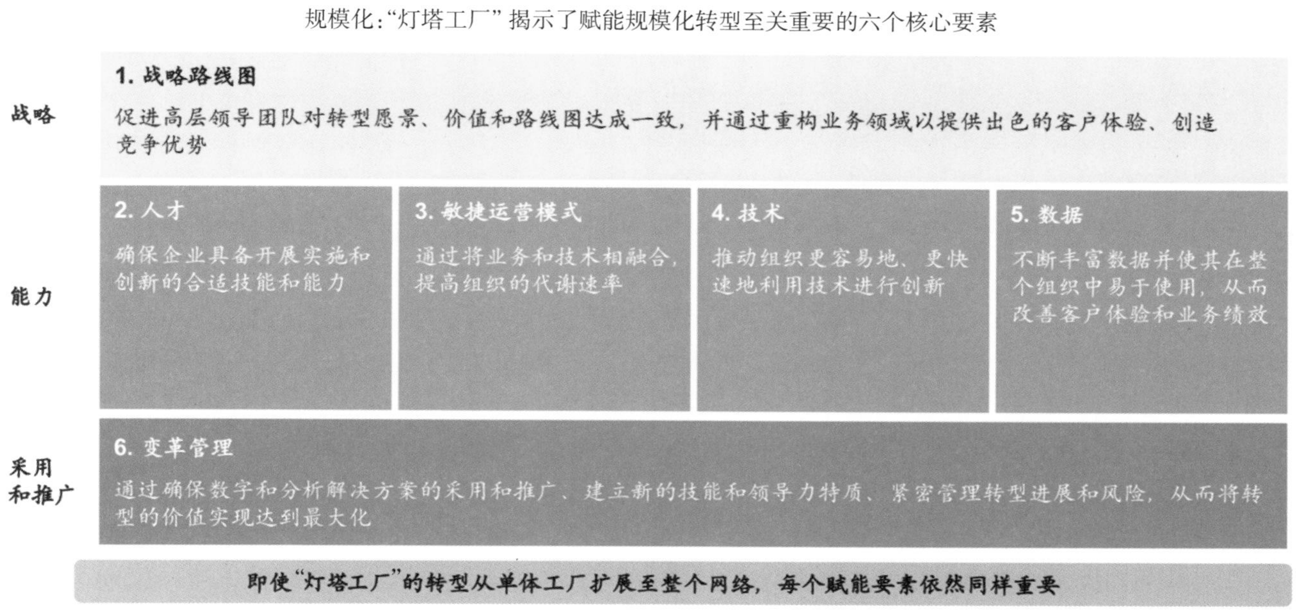

规模化："灯塔工厂"揭示了赋能规模化转型至关重要的六个核心要素

战略	**1. 战略路线图**			
	促进高层领导团队对转型愿景、价值和路线图达成一致，并通过重构业务领域以提供出色的客户体验、创造竞争优势			
能力	**2. 人才**	**3. 敏捷运营模式**	**4. 技术**	**5. 数据**
	确保企业具备开展实施和创新的合适技能和能力	通过将业务和技术相融合，提高组织的代谢速率	推动组织更容易地、更快速地利用技术进行创新	不断丰富数据并使其在整个组织中易于使用，从而改善客户体验和业务绩效
采用和推广	**6. 变革管理**			
	通过确保数字和分析解决方案的采用和推广、建立新的技能和领导力特质、紧密管理转型进展和风险，从而将转型的价值实现达到最大化			

即使"灯塔工厂"的转型从单体工厂扩展至整个网络，每个赋能要素依然同样重要

（资料来源：麦肯锡数字和人工智能竞争指南）

图3　赋能转型扩展的六个核心要素

业应对新3M问题（新挑战），从而在复杂环境中实现卓越运营（新目标）。本文旨在阐述制造企业面对的新挑战，分享创新先锋采用的新模式，从而为广大制造同仁奔赴新目标提振信心。

二　三方挑战，千斤重担

（一）需求端：新模式的崛起为供应链带来诸多新课题

在当今快速发展的消费市场中，企业面临的挑战日益增加。消费者的需求不断升级，消费习惯改变，对产品品质和服务的要求更加严苛，这给供应链施加了显著的压力。一是产品"千人千面"，企业为赢得客户多样需求和友商竞品竞争，不得不快速研发新品。据统计，2023年天猫平台快消新品SKU（库存量单位）的数量与2022年同比增加了137%。二是渠道"千品千

链"，新渠道不断涌现。在零售领域，近50%的消费者都在踊跃尝试新零售商或新渠道。三是交付"一诺千金"，在快消品领域，千万新品成交达成时间缩短了9天。四是物流"一日千里"，消费者对配送速度的要求也日益严苛，为物流调配和运输线路规划带来了巨大压力。仅2022年"双十一"期间，快递平均运距便增至931千米。在汽车领域，根据《2023年汽车船贸易与海运》报告，汽车运输航线距离增加，自2020年以来，平均运距增长了7%。为应对上述消费趋势的变化，企业供应链需要提升响应速度和灵活度，做好渠道下沉，快速满足消费者对产品客制化、质量、价格、服务等方面提出的新要求。

（二）供给端：供应链的稳定性和安全性挑战仍在不断加剧

在供给端，企业面临的稳定性

和安全性挑战日益严峻，具体表现在多个领域。一是员工"千人千途"，内部人员流失严重，有些工厂人员月离职率达到20%～40%的高位，对生产稳定性乃至产品质量带来严重影响。二是原料价格的波动"千变万化"，大宗商品价格走势仍面临诸多不确定性，疫情、地缘政治等因素影响也让大宗商品难以实现稳定供应。三是供应商管理"千头万绪"，随着消费品创新的不断推进，产品多样性与零部件复杂性逐日提升，为供给端带来了巨大的库存压力和交付风险，地缘政治和技术壁垒也带来了供应复杂度的增加。近几年平均每个产品中的零部件数增加25%，原料按时交付率从95%降到60%～70%。

为应对上述挑战，企业需要以效率和可靠性为核心指标，重点打造供应链的可持续性和透明度，加强供应链的安全性和稳定性，并提

升供应链的精细化管理水平。

（三）宏观环境：外部不确定性对企业的供应链提出极高要求

宏观环境带来的挑战主要有三点：一是全球化"决策千里"，中国企业在构建全球供应网络的过程中，受到地缘政治、法律合规、当地政策方面的挑战；二是可追溯性"千寻百觅"，消费者愈发看重产品安全性和可追溯性，企业供应链的"追根溯源"成为刚需；三是双碳"沃野千里"，供应链绿色可持续、"碳中和"成为法规和社会责任焦点，多数企业在努力提升绿色评级。面对充满变数的宏观环境，企业需不断提升自身的适应和应对能力。

在全球化的大背景下，中国企业在打造强大供应链时不仅需要紧跟消费者期望和应对企业内部的问题，还要应对宏观环境带来的外部挑战。这要求企业不断提升适应性和应对各种不确定性的能力，确保在动态变化的市场环境中保持竞争力。

三　转型升级，突破重围

（一）精益理论升级：3M理论助力企业革新

精益生产为企业的稳健发展提供关键支撑，而"3M理论"在其中扮演了至关重要的角色。"3M理论"是由日本管理学家大野耐一（Taiichi Ohno）在20世纪中期提出的，它是"丰田生产系统"（Toyota production system，TPS）的核心理论之一。"3M理论"中的3M则是指精益生产中的三个术语Muda、Mura、Muri，是用来识别和消除系统损失的重要概念。Muda指的是生产过程中不增加价值的任何活动（浪费）。这种浪费可以分为八种类型，包括过量生产、等待时间、不必要的运输、过度加工、过量库存、动作浪费、人员浪费和不良品。Mura指的是生产过程中的不均衡或不一致，其根本则是流程中的波动性。当工作负载分配不均或生产流程中存在波动时，就会发生Mura。相应地，在人、机、料、法、环各个环节做好稳定性工作，通过平衡工作流程

或减少流程波动来消除Mura，可以提高生产效率和产品质量。Muri指的是生产过程中的过载，其根本则是生产过程中的不灵活性。这通常是需求和供给之间的不平衡导致的。企业通过柔性产能的调配、柔性员工的使用，使得产能和需求能够匹配，从而减少Muri的影响。通过识别和消除这三种损失，企业可以实现更高的效率和生产力，同时提高产品质量。

现在距"3M理论"提出已经有70多年了，原"3M理论"集中于消除生产企业内部的浪费，从而提高质量并降低成本。目前中国企业面临的挑战远远大于20世纪丰田提出"3M理论"时面临的挑战。这些挑战主要来自以下三个方面：一是在供给端的压力下，企业必须在整个订单周期内实现端到端的提升，通过减少浪费（Muda）来降低成本；二是在需求端方面，为了满足市场对产品多样性、高质量及快速交付的日益增长的需求，企业需要通过减少流程中的波动（Mura）来提高响应速度和服务水平；三是

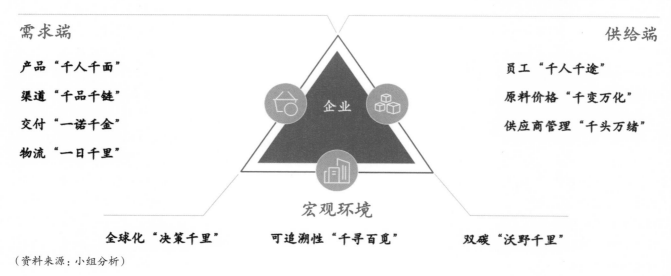

需求端

产品"千人千面"
渠道"千品千链"
交付"一诺千金"
物流"一日千里"

供给端

员工"千人千途"
原料价格"千变万化"
供应商管理"千头万绪"

企业

宏观环境

全球化"决策千里"　　可追溯性"千寻百觅"　　双碳"沃野千里"

（资料来源：小组分析）

图4　三方挑战，千斤重担

在宏观环境方面，面对各种不确定性，企业需要提高灵活性来平衡供需，以防止过载（Muri）。因此，需将"3M理论"拓展为一个更为全面的框架，这要求企业不仅关注内部生产系统的损失，也要关注整个订单周期、整个产品生命周期维度系统，以全面识别和消除系统端到端的损失。

（二）供应链转型：企业供应链的智慧蜕变

以多方挑战为背景，精益生产为基石，多数企业在积极寻求端到端价值链的转型升级，主要集中于三大趋势：①"地主"精耕细作，数智化赋能精益，关注全成本各要素，从传统的粗放管理向端到端的精细化、数字化、智能化管理转型，以减少浪费；②从"地主"到"群主"，关注产品全生命周期，从本分的成本导向到客户导向，要求精准、快速、多样，以减少客户群带来的波动；③从"地主"到"链主"，关注订单全生命周期，摒弃以往的单一制造中心，转而实现企业内部和上下游的协同。在完善内部精细化管理的基础上，追求供应链柔韧度的提升，提高生产过程中的灵活性，从而使企业从"敦厚本分的老实人"蜕变成为"柔韧敏捷的武林高手"。

四 案例落地，成功升级

在数字化时代背景下，企业不断寻求通过网络化、透明化、智能化和柔性自动化等数智化用例，赋能其供应链，以提高其柔性、韧性，并实现端到端精益。这种转型助力企业从短期单一领域精益导向转变为

追求端到端精益、柔韧性、全面决策和资源优化的综合策略，以更高效地应对外部环境的变化。在Muda端，已经超出了生产的范畴，通过在研发、供应商管理、计划、库存、物流、客户服务中应用精益理念工具，在端到端价值链也能实现浪费的消除，实现总体运营成本的大幅降低，而不仅仅局限于生产制造成本。在Mura端，出现了自外向内的趋势，在多品种的环境下，改变新品种上市速度慢、切换周期长的旧习，而追求在不增加成本且期望质量大幅提升的前提下，实现多品种的上市周期缩短。在Muri端，供给端的波动广泛存在，包括供应商、工人、产能等波动。在乌卡环境下，不仅仅要保持人力、产能上的韧性，在研发、采购、供应链等方面也要具备韧性，进而实现满足波动订单的需求。通过整合新3M策略，企业不仅能够提升应对市场波动的能力，还能在减少浪费的同时增强适应性和恢复力，推动可持续发展。

（一）"以精克费"：端到端多维度消除Muda

"以精克费"数智化赋能精益，通过先进的数字技术集成精益生产原理，如利用数据分析、物联网、人工智能等技术，精准端到端识别和消除不增加价值的各种活动，消除各个价值领域的Muda，以提升生产过程的效率和效益。其用例覆盖订单全周期，包括精益研发、精益采购、精益生产、精益供应链、精益物流与精益服务（见图5）。

1. 精益研发

精益研发概念致力于通过产品全生命周期的数字主线，在产品

开发过程中最大化价值创造并最小化浪费，通过持续的流程改进和效率优化来加速产品从概念到市场的转化。

某跨国医疗公司采用先进的数字孪生技术革新了其产品开发流程。通过创建一个贯穿产品全生命周期的数字主线，该公司能够在数字环境中实现高质量的产品设计和工艺优化，并实现产品开发过程的精益。具体而言，公司通过构建混料和灌注工艺的虚拟流程模型，并利用大数据基础——包括湿度、速度、温度、质量等各类工艺和环境参数——自动生成最佳的工艺参数设定值。该技术将现实工艺机理、参数范围和操作流程映射到数字孪生模型中，并运用人工智能算法模拟新产品在不同工况下的表现，从而快速识别出高效且高质量的最佳工况。这些创新做法大幅加速了新产品的验证和市场推广过程，实现了上市速度的83%的显著提升。

2. 精益采购

精益采购利用数据智能驱动采购全流程，从最佳采购策略、智能支出高阶分析、采购，到付款流程自动化和数字化的供应商绩效管理，实现采购流程价值最大化。

某领先的消费品公司通过实施先进的供应链管理策略，显著提升了其供应链效率和材料管理，大大降低了原材料库存，下降幅度达49%。该公司引入了一套卓越材料供应系统，运用多样的供应策略，如JIT和milk-run等，自动在不同供应商和材料之间进行选择和调整，确保准时交货的同时优化库存。为进一步提高供应链透明度和响应速度，公司在供应商质量仪表板中集

以精克费：通过互联化、透明化、智能化帮助企业在运营业务各要素中消除活动过程中的浪费

━━━━━━ 以精克费 ━━━━━━

产品研发 ❶ 通过产品全生命周期的数字主线，数字孪生以实现高质量的产品设计

上游供应 ❷ 数据智能驱动采购全流程，从最佳采购策略、智能支出高阶分析、采购到付款流程自动化和数字化的供应商绩效管理

生产制造 ❸ 采用互联透明、智能化和柔性自动化的技术，提升数字化生产环节的"人、机、料、法、环"五大要素的效率

供应链计划/交付 ❹ 端到端实时供应链可视化，动态实时跨职能的联合决策，降低整体库存水位

物流 ❺ 实现物流过程数字化，确保高效、优质、安全、低成本的物流供应网络

客户服务 ❻ 增加客户交互，保持以用户为中心，并提供始终在线的客户体验和后服务生态

以最少的投入，实现运营系统各方面最大的收益

关键指标：
- 研发人员效率提升**10%~30%**
- 原材料采购成本降低**2%~5%**
- 制造成本降低**10%~30%**
- 库存水平降低**30%~50%**
- 物流成本降低**5%~20%**
- 客户服务成本降低**20%~60%**

（资料来源：小组分析）

图5 "以精克费"：端到端多维度消除Muda

成了具备原因分析能力的问题响应机制，能够迅速识别并解决质量问题，自动推荐最佳解决方案。此外，公司通过采用供应商数据收集、自动订购系统、GPS跟踪、电子围栏签到、移动应用程序可视化及无纸化货站接收等技术，成功消除了86%的端到端流程接触点。

3. 精益生产

精益生产旨在采用互联透明、智能化和柔性自动化的技术，提升数字化生产环节中"人、机、料、法、环"五大要素的效率，从而达到减少浪费。

某大型ODM（原始设计制造商）专业代工公司，通过互联化、智能化和自动化，减少员工的非增值工作和提升增值工作效率，通过透明化和智能化加速工程人员问题解决的效率和效果。其通过数字化叫料和送料系统实现了实时拉动式物料配送，此用例显著降低了

等待时间和运输距离，并通过精确配送避免了过量生产和库存积压。系统通过连接机台与MES（制造执行系统）数据，实时监控各设备及物料的剩余量，当物料低于设定水位时，系统自动向原料仓发送缺料预警，提前备料，并指派自动导引车（AGV）完成物料上线运输。此举大幅减少了送料巡检人员的需求（减少75%），有效地减轻了过量生产、等待、运输及库存的问题。

4. 精益供应链

精益供应链从需求出发通过端到端实时供应链可视化、动态实时跨职能的联合决策，实现供应链最小化浪费。

某电子制造服务公司通过端到端实时供应链可视化、动态实时跨职能的联合决策，降低了整体库存水位与交付周期（交付周期下降了36%，原料库存也降低了39%）；

持续优化了5个核心供应链计划流程，即需求计划、供应计划、订单交付、产销协同、例外管理，在这些传统却核心的业务流程上夯实基础；通过成熟的绩效指标体系辅助跨职能协作，在现有生产约束的基础上实现了最佳化的多目标优化算法，成功构建了无接触式端到端的供应链计划系统，实现了在短短3秒内响应任何变化的能力。这家公司的供应链计划系统不仅简化了30多个流程，包括订单管理和调度等，还整合了8个核心系统，如ERP和MES。这种集成大大提高了运作的协调性和效率，实现15分钟内优化200万种材料的调度，为公司的生产和运营提供了巨大的便利和效益。

5. 精益物流

精益物流是指通过物流过程数字化，确保高效、优质、安全、低成本的物流供应网络。

某跨国医疗公司以智能科技为驱动,为物流领域注入了敏捷性和实时可见性,实现了减少80%的人工操作和提升14%的车辆利用率。该公司的智能模型整合了来自ERP、运输管理系统(TMS)、GPS和客户交付计划等多个方面的数据,他们的智能平台能够生成超过1 500条动态运输计划,覆盖了22个配送中心、涉及240个SKU、18个工厂、超过36个运输商、超过18种车辆类型和370多个不同托运人,以最优化的方式降低了1 200个分销商的总服务成本,从而大大提高了客户的满意度。

6. 精益服务

精益服务是一种以最大化价值为核心的服务管理理念,旨在通过精细化的流程优化和持续改进,增加客户交互,以用户为中心,并提供始终在线的客户体验和后服务生态。

某中国头部家电制造企业借助高阶分析赋能的智能服务云平台,实现了远程监控产品状态、智能委派客户维系人员的目的,并提供能源降低的建议,最终成功缩短了15%的维修时间,并减少了20%的客户设备维护员工。该生态圈包括实时可视的数据、故障预警通知、大数据智能分析及产品KPI(关键绩效指标)统计和新产品研发数据。服务商可以通过该平台进行网器产品大数据分析、远程智能开关机、远程温度调节及实时能耗统计。而终端用户则可以通过手机App进行智能控制和实时交互,促进了家电使用的便捷与智能化。

(二)“以柔克繁”:加强全周期柔性减少Mura

“以柔克繁”是指赋能企业解决复杂供应链问题,以最小的额外成本,在临时变化或小批量需求的情况下实现快速交付。柔性赋予企业以成本效益为核心,在应对市场需求的临时波动或小批量定制时展现出快速响应能力,从而在各种市场环境下均能实现灵敏且高效的产品交付,以应对客户在追求产品多样性的前提下还要高质量、短交期的要求。

“以柔克繁”用例覆盖全价值链各环节,包括产品研发、上游供应、生产制造、供应链计划/交付、物流发运与渠道管理(见图6)。

1. 柔性研发

柔性研发是一种灵活且以市场为导向的研发方法,它允许企业快速适应消费者需求的变化,并有效地支持定制化和创新。通过紧密跟踪市场趋势和消费者偏好,柔性研发能够在产品设计和开发过程中迅速反馈并整合新信息,从而实现产品快速上市和持续改进。数字化赋能柔性研发,通过数字化工具和技术,如数据

以柔克繁:通过网络化、透明化、智能化、柔性自动化帮助企业的供应链完成质的转变,以最小额外成本,在临时变化或小批量需求的情况下实现快速交付

—— 以柔克繁 ——

以最小的额外成本,在临时变化或小批量需求的情况下实现快速交付

环节		内容
产品研发	❶	用户大数据挖掘用户需求,数字孪生进行**快速迭代设计**,打造新品研发储备,**客制化大幅增长**
上游供应	❷	物联网拉通上游供应商,**协同生产计划和库存管理**,先进分析和知识图谱对质量问题前置预警并进行原因分析
生产制造	❸	柔性自动化技术结合工厂数字系统、机器视觉、数字打印等技术,实现**一键检验、无缝物流周转、快速换产**
供应链计划/交付	❹	AI需求预测赋能供应链分层分级策略(如库存管理和交付策略等),建立**动态订单交期承诺和履约能力**
物流	❺	拉通用户订单及各物流节点,**优化决策发运计划**,实现物流运距、周转大幅减少,甚至下线到消费者直发
渠道	❻	高阶分析进行需求预测、多级经销商销售、库存数据透明可见,实现**渠道库存统筹优化**

关键指标:
- 新品端到端交期 **<7天**
- 支持SKU X3-10 而供应链成本增加**0%**
- 研发速度 提升**80%+**
- 产线切换时间 节降**80%+**

(资料来源:小组分析)

图6 “以柔克繁”:加强全周期柔性减少Mura

分析、模拟仿真和虚拟现实,企业能够更好地理解消费者需求、优化产品设计和开发过程,并实现更高效的决策和协作,以及及时调整产品。

以某中国知名啤酒生产商为例,其利用大数据挖掘用户需求,通过数字孪生进行快速迭代设计,打造新品研发储备,实现客制化大幅增长。首先,"消费者解码"通过对渠道大数据的筛选分析,准确把握消费者的口味偏好趋势。其次,通过"产品解码"对市场需求的演绎归纳,将其转化为具体的产品设计思路和方案。最后,通过"工艺解码",我们能够将数字化产品指标解码成技术标准,建立产品风味图谱和酿造技术,从而借助快速迭代研发模式来实现大规模客制化。该模式深化用户与产品的联结,创新立项与研发,实现8亿+支产品链接用户、5000万+用户通过扫码实现与品牌关联、9个系列新产品研发储备及70+新产品立项。

2. 柔性供应

柔性供应是指企业在采购和供应管理中采取的一种策略,旨在提高对市场变化和不确定性因素的适应能力。这种策略强调在供应链中引入灵活性,以便快速响应需求波动、供应中断、价格变动或其他外部环境的变化。现如今,通过智能化赋能,柔性供应提高了企业的响应速度和市场适应能力,从而在激烈的市场竞争中保持竞争优势。

以某家电制造企业为例,通过供应网络的互联性、协同的生产计划和库存管理,以及供应风险预警和动态库存控制三方面,实现质量问题前置预警及原因分析。供应网络的互联性:通过工业物联网(IIoT)技术,构建起一个高效的生态系统。该系统整合了IIoT平台和价值链上所有利益相关者的信息化系统,创建了一个包括500多家供应商、100多个客户及6个专有站点的网络。协同生产计划和库存管理:利用先进的智能调度算法模型,综合考虑站点的产能、库存水平和物流距离,实现了生产资源在不同站点之间的高效协调和调度。风险预警系统和动态库存控制:该系统依托于历史的销售和库存数据及13周的滚动预测,运用决策树模型动态调整原材料和成品的安全库存水平。该用例为企业减少了一半的库存天数,缩短了一半的订单交付周期。

3. 柔性生产

柔性生产是一种生产模式,它旨在使制造过程适应性更强,以应对市场的快速变化和个性化需求的增加。柔性生产通常采用多功能设备、自动化技术和灵活的生产流程,以便能够快速调整生产线,以适应不同产品的生产需求。

某头部食品快消公司利用柔性自动化技术结合工厂数字系统、机器视觉、数字打印等技术,实现无缝对接、快速切换,实现SKU数量、产能大幅提升及成本的降低。自动化技术下的多口味灌装机的应用使得产线能够生产多口味混合包装的产品,这类产品在迷你型雪糕市场以超过70%的需求增速迅速成为主流,并且使得可生产SKU数量大幅度提升(23倍)。此外,该公司首创的完全自动化的产线末端(EOL)设备,能够处理各种包装形式,且其换线时间从480分钟下降至9分钟,使产能提升48%。同时,3D打印技术在该公司备件生产上的应用大幅度降低了保修时间和成本,具体表现为保修时间缩短了87%,而备件生产周期则缩短了66%。这些改进不仅提高了生产效率,还大大降低了运营成本。

4. 柔性供应链计划/交付

柔性供应链计划/交付是一种灵活性的供应链管理策略,以确保有效和高效的订单履约。在第四次工业革命的背景下,通过利用先进技术,如人工智能和大数据分析,实现对供应链过程的深入洞察和实时优化。

某快消公司通过人工智能需求预测赋能供应链分层分级策略(如库存管理和交付策略等),积极运用高级计划与排程(advanced planning and scheduling, APS)并建立动态订单交期承诺和履约能力,实现订单履约比例的大幅提升(85%)与订单交付时间的缩短(40%)。在需求计划方面,这一平台利用先进的机器学习算法,结合20万条大数据点(涵盖客户订购行为、交货提前期、保质期等关键信息),为其60万客户实时生成最优的交付计划。这一过程涉及在所有潜在的订单履行场景中进行超过5000次决策,且在1秒内完成,有效地平衡了订单履行率、进货库存补货和总成本。在分层分级方面,这些快速的动态调整基于一个细分到"千品千链"的供应链细分规则,定义了不同客户和产品对供应链各资源的优先级。这不仅体现了柔性交付的核心价值,即快速适应并满足市场和客户需求的能力,同时也展示了技术如何助力企业实现更加灵活和高效的供应链管理。

5. 柔性物流

柔性物流是指通过灵活配置资源、采用高效的物流策略,并利用先进技术来优化运输、仓储和配送过程。柔性物流强调实时数据分析和信息共享,从而实现对物流流程的持续优化和动态调整。

某头部消费品公司通过集成上下游信息系统，优化决策发运计划，大幅减少物流运距、周转，将产品从生产线直送至终端用户，实现了客户库存天数下降25%，以及订单交付周期下降90%。通过与电子商务平台和物流合作伙伴之间紧密集成的20多个信息化系统，实现了供应链交货时间的显著优化。通过引入具备一站式库存管理功能的智能计划系统，确保了产品的100%可用性，并通过即时补货机制维持库存水平。这种高效的供应链管理能力使得该公司能够在24小时内直接将26万件包裹从生产线发送到最终消费者手中，极大地提高了客户满意度和市场反应速度。

6. 柔性渠道管理

柔性渠道管理通过灵活调整渠道结构和流程，实现资源的最优配置，以提升渠道效率和响应变动的速度。在柔性渠道管理中，企业不仅要与传统的线下分销商合作，还需要利用线上平台和数字化工具来增强渠道的互动性和透明度，这是一种整合传统与现代、线下与线上、数据与直觉的综合管理策略。

某头部电器制造商通过将多层级库存透明化并集成到统一数据平台，自动分析销售数据并推送跨区域的库存调配方案，实现渠道库存统筹优化，最终将订单周期缩短了56%及库存周转天数减少了31%。该企业通过创新数据平台的搭建，使得工厂、区域中心、经销商、门店之间的库存信息实现透明化，并集成在一个统一的系统中进行协同管理。这种方法不仅有效降低了整体库存水平，还通过优化算法自动分析销量数据，推送跨区域的库存调配方案，从而提高了库存的周转率并满足了客户对订单多样性的需求。实践中，这一平台确保了从工厂到最终销售环节各级库存信息的实时共享，提高了提货和备货的准确性，加快了产品的周转速度。同时，通过在各代理商仓库设置细化至SKU级别的库存水位标准，并实施区域内库存共享及超水位自动退货策略，进一步提升了库存的动销比，降低了整体的物流和仓储成本。

（三）"以韧克变"：提升全流程韧性杜绝Muri

"以韧克变"，提升韧性的关键在于企业在面对潜在的供应中断或产能不足时，能够以最小的损失、最低的成本和最快的速度恢复到正常运营状态。韧性的提高意味着全周期灵活性的提升，它是减少订单全流程中过载（Muri）的关键。用例同样覆盖全流程（见图7）。

以韧克变：通过网络化、透明化、智能化、柔性自动化帮助企业的供应链完成质的转变，
最小化供应中断概率，并以最低成本和最快速度恢复正常交付

—— 以韧克变 ——

产品研发	① 采取"韧性设计"，注重材料可替代性、工程可调整性和生产制程弹性
上游供应	② 动态采集供应链大数据，预见和提前干预供应风险，以及供应链动态寻源
生产制造	③ 先进算法预测和规划设备、人力产能，数智化手段实现人力管理全周期透明高效：**快速招聘、培训、上岗、优化分配、个人业绩评估和实时奖励，离职预测干预**
供应链计划/交付	④ 建立跨职能的供应链作战室，采用多用户的供应链控制塔建立问题预警、分析洞见、行动跟踪的闭环管理
物流	⑤ 引入第三方物流管理、数智化仓库网络建模、配送路线模拟，构建多样化的物流网络、**智能化寻优配送策略**
渠道	⑥ 实施全渠道"一盘货"管理，智能算法自动补货、调货决策和执行

最小化供应中断或产能不足的概率，并以最低成本和最快速度恢复正常交付

关键指标：
- **产能弹性**：产能快速提升多达**3倍**
- **原材料断供频率** 降低**80%+**
- **停产恢复速度** 提升**50%+**

（资料来源：小组分析）

图7 "以韧克变"：提升全流程韧性杜绝Muri

1. 韧性研发

韧性研发采取"韧性设计"（design for resilience），注重材料可替代性、工程可调整性和生产制程弹性，以提升研发过程中的灵活性。

2. 韧性供应管理

韧性供应链管理是指一种设计和管理上具备高度适应性、恢复力和响应能力的供应链，能够有效应对各种突发事件和长期挑战，从而保持其运营的连续性和效率。

某大型电器制造企业通过动态采集其全球各工厂在生产、供应和销售全流程中的不良事件数据，运用自主研发的风险模型来评估这些事件可能对整个供应链造成的潜在影响，从而有效地降低了风险和成本。这种先进的数据分析能力使该企业能够预见并提前干预供应链中的风险，从而实现动态寻源和更加灵活高效的供应链管理。通过将这些风险评估结果实时推送给相关各方，该企业确保所有关键利益相关者都能及时做出准备和响应，此韧性供应链用例使得其现场失败率下降22%，售后保修成本下降72%，有效地保障了供应链的稳定性和可靠性。

3. 韧性生产

韧性生产是一个生产系统设计和管理理念，旨在使生产过程具有持续性，以有效应对各种内外部冲击和变化。

在某大型电子制造企业的案例中，企业通过数智化手段实现了人力资源管理的全周期透明和高效，实现快速招聘、培训、上岗、优化人员分配、个人业绩评估和实时奖励，以及离职预测和干预。该企业主要通过以下四个方向的举措实现

韧性生产、提高效率：① 应用程序自动化。根据日常需求、产品组合和技能匹配，自动将最合适的操作员分配到指定线路和位置，并在班前15分钟自动通知操作员。② 资源重新规划。根据实际出勤情况，系统能够自动重新规划资源，确保人力资源的有效利用。③ 智能激励。通过实际产出来进行激励，实施多劳多得的政策，提升劳动生产率。④ 模型预测与规划。通过启发式模型预先判断用工缺口，及时规划人力补充，从而减少了人力资源的浪费，并实现了资源的优化配置。

这些措施带来的效果显著：离职率降低了70%，人效提升了23%，在职培训时间缩短了20%。以上这些均体现了数智化手段在韧性生产提升人力资源管理效率方面的强大能力。

4. 韧性供应链计划/交付

韧性供应链计划/交付侧重于通过预测性分析、灵活的供应链设计、多元化的供应来源，以及有效的风险管理来提高供应链的适应性和响应能力。

某头部乳制品企业，通过建立跨职能的供应链作战室，采用供应链控制塔建立问题预警、分析洞见、行动跟踪的闭环管理，最终促使设备稼动率提升6%、管理人员减少97%，以及生产效率提升30%。该企业供应链作战室通过集成六大平台和22套信息化系统，部署210台设备，监控700多项关键参数和87项KPI指标，实现了生产任务自动执行、控制、转序和报工。企业还利用供应链控制塔进行问题的预警、分析洞察和行动跟踪，同时结合原奶质量的历史数据和生产的实时数

据，运用基于最快交货周期的算法生成精准的用奶计划，并基于APS的实时排程数据实现全局控制的联动，有效提升了生产效率和管理效能。

5. 韧性物流

韧性物流是一个在面对各种干扰和不确定性时，以提高物流和供应链灵活性与恢复力，并以保持物流稳定性为目标的概念，主要发力方向为智能化的仓网布局、多样化的物流网络、智能化的寻优配送策略、基于订单交付时间的建模和模拟、库存策略和补货订单的自动化等。

某家电制造企业通过采用智能化的仓网布局和构建多样化的物流网络，以及实施智能化的寻优配送策略，有效提高了按时交货率，使得仓库数量减少45%、库存周转率提升61%，以及仓网计划工作小时数下降83%。该系统基于订单的交付时间对仓库网络进行建模和对配送路线进行模拟，从而能够推荐出最佳的仓库位置和运输路线，优化后的结果显示，仓库面积减少了18.4万平方米，运输距离减少了1 888万千米，大幅减少了仓库所需面积和运输距离。此外，系统运用运营研究算法为不同产品推荐库存策略，提出动态的安全库存建议和最优的分配路径，并能自动生成补货订单。上述举措显著提升了库存周转率和准时交货率，并大幅度降低了策划员工的工作时间，实现了资源的高效配置和使用。

6. 韧性渠道管理

韧性渠道管理指的是在供应链和渠道管理过程中，确保企业能

够适应各种不确定性和潜在风险。实现韧性渠道管理的几个关键策略有增强数据透明度、建立强大的合作伙伴关系和利用先进数字化技术等。

在某国际医疗保健企业的案例中，企业采用一种基于大数据的非接触式预测数字补货工具，实现快消企业和其零售商之间的生态系统数据共享，显著提升了其零售商运营效率，并大幅降低了缺货率。该工具能够自动收集和处理高达236 000个SKU的日常数据，仅需5分钟即可完成，实现了供应商和零售商间的生态系统数据共享，以及共同创造价值。企业还利用近乎实时的云计算技术和先进的多变量求解器算法，使工具可以考虑库存可用性、水平和运输成本，自动产生补货建议和库存短缺警报，从而实现随订单自动补货。这一创新解决方案使得企业降低了90%的运营成本，降低了94%的缺货率，并使现有库存天数减少23%。

五　数智柔韧，实现质变

数字化相当于"千里眼""顺风耳"，实现业务的透明化；智能化相当于"大脑"，带来更好的洞见；柔性自动化相当于"躯干"，是柔韧性的基础。企业可依托数智赋能，打造柔韧兼备的供应链，更加精细地开展内外部管理，提高供应链的效率和可靠性，同时也可更加灵活地应对市场变化，提供更加个性化的产品和服务。此外，数智赋能还可帮助企业更加精准地进行风险管理，提高风险应对能力，在不断加剧的需求、供给和宏观挑战中，稳固更多生存空间。打造柔韧供应链是一项系统工程，除利用数智技术赋能外，企业还需要在组织、执行、数字化用例推进、工作方式转换、数字化能力建设等各方面开展全方位变革，从而确保数智技术的真正落地，实现供应链的快速升级迭代。

在面对瞬息万变的商业环境中，企业必须主动应对外部挑战，通过内外部的全方位协同，实现端到端的透明和效率提升。首先，企业需要面对各种外部压力，敢于应对挑战，从而推动内部流程和系统的优化，提高企业综合能力，实现由内向外的提升。其次，针对各自的业务痛点，企业应选择合适的技术和方法论，无论是"以精克费""以柔克繁"，还是"以韧克变"，都应以业务需求为核心，精耕细作以解决业务痛点。最后，虽然精益始终是企业追求的目标，但在这一过程中，合理的数字化和智能化的引入无疑可以大幅提高效率，实现事半功倍的效果，企业应当精准投资高回报的数智化场景，以实现业务效益的提升。通过这三方面的努力，企业可以更加有力地应对复杂多变的市场环境，实现可持续发展和获得竞争优势。◆

【作者介绍】

侯文皓，麦肯锡全球合伙人，清华麦肯锡数字化能力发展中心创始人和领导人，常驻上海办公室。获得上海交通大学工业管理工程硕士学位、韦伯斯特大学工商管理硕士学位。于2011年加入麦肯锡，专长于数字化制造和供应链、精益制造、卓越供应链运作等领域，作为麦肯锡大中华区制造业务负责人，曾合作、服务于超过400家外企、国企和私企工厂，领导多家世界领先企业开展多年数字化转型规划、诊断、设计、落地及能力培养项目。作为世界经济论坛邀请专家访问了近百家"灯塔工厂"，长期在上海交通大学和清华大学等高校授课。

数字化转型探索：重塑制造模式，引领"联宝"未来

丁晓辉

摘要

数字化转型是数字化时代企业提升自身竞争力，改善客户满意度，实现可持续、高质量发展的必经之路。本文对联宝科技数字化转型过程进行了全面的复盘和总结，包括公司战略与数字化转型愿景，数字化转型之前企业所面临的挑战和痛点，数字化转型的实施路径、方法及先进的数字化用例介绍，数字化转型如何为公司第二增长曲线赋能，数字化转型2.0的战略重点等。此外，本文还阐述了数字化转型为企业管理和企业文化所带来的变化和影响。

关键词

数字化转型；战略；数字化用例；数据

【作者简介】

丁晓辉　联想集团副总裁，联宝科技CEO。研究方向为企业数字化转型与业务变革。

一　联宝科技数字化转型的缘起与愿景

联宝（合肥）电子科技有限公司（简称"联宝科技"）成立于2011年，为联想集团子公司，总部位于安徽省合肥经济技术开发区，占地面积为0.305平方千米，并在合肥、台北、深圳、昆山建立四大研发基地。自成立以来，联宝科技不断强化创新研发、智能制造、敏捷供应、卓越质量四大核心优势，主要产品包括Lenovo和ThinkPad系列笔记本电脑、台式机、工作站、服务器、车计算产品、边缘计算产品、XR/VR及存储产品等，以及智能制造解决方案与服务，是联想全球最大的PC设备研发和制造基地，也是合肥首家千亿营收企业、安徽最大进出口企业，获评国家级"绿色工厂"、国家智能制造试点示范企业、工信部智能制造标杆企业等荣誉，并于2023年1月获得全球智能制造领域最高荣誉"灯塔工厂"认证。

联宝科技的数字化转型开始于2017年，当时PC市场正处于稳定增长周期，在联想集团的支持下，联宝科技的出货量也保持着逐年快速增长的趋势。但随着业务量的高速增长，联宝科技在制造管理方面却面临着诸多的挑战。第一，月度需求不平衡，波动较大。每个季度第3个月的出货量是季度需求总量的45%，第1个月产能闲置40%。需求波动带来生产用工数量的剧烈波动，月用工在高峰期达2万人，招聘峰值为1.4万人，平均年招聘6万人。这给员工招聘、培训和产品质量保证都带来了难度和巨大挑战，同时员工质量存在高风险。第二，客户需求呈现多样化和定制化。

每年平均上市新产品超过300个，60%以上的订单是客制化订单，而需求小于5台的订单数量占订单总数的80%，生产计划越来越复杂，库存管理难度成倍增加。第三，生产用工成本逐年上升，企业承受巨大的市场竞争压力。第四，5G、物联网、云计算、大数据和人工智能应用越来越广泛，同时国家和行业都在推动制造业升级和供给侧改革。第五，联想集团正式确立了"智能，为每一个可能"的愿景和3S战略，联宝科技作为集团最大的研发和制造中心，承担着联想战略转型先锋和排头兵的重要使命和责任。

基于以上内外部挑战及公司战略需要，联宝科技数字化转型顺势而生，并为数字化转型设立了愿景：助力联想领跑和赋能智能转型，成为行业领先的智能制造及服务提供商。为了实现战略愿景，联宝科技制定了"4345"数字化转型战略和路径，具体包括：4类方向，即4个业务需求和价值——柔性、敏捷、质量和创新；3化融合，即把自动化、数字化和智能化进行一体规划和实施，融合部署；4个打通，数字化的基础是流程和数据，数据决定了数字化转型的质量和价值，因此，我们将4类核心业务流程（从研发到制造，从订单到交付，从信息技术到运营技术，从内部到外部）和数据进行打通；5类技术作为联宝科技数字化转型的技术底座，即充分利用人工智能、大数据、云计算、数字孪生和物联网技术。

二　联宝科技数字化转型的创新实践

PC产业是典型的离散型制造，

随着出货量的高速增长，联宝科技平均每天需要处理的订单都在8 000个左右，其中80%的订单所需的数量小于5台，生产部门需要随时、快速切换机型生产。与此同时，产能与需求之间极度不平衡，联宝科技每个季度的第1个月产能闲置约40%，处于波谷期，而每个季度的第3个月（出货季度）会出货45%，又达到峰值期，全年都处于这样的波峰和波谷交错轮替之间，我们称这种生产模式为"联想尖峰制造模式（Lenovo peakload manufacturing，LPM）"。

（一）生产计划与灵活性方面

在尖峰制造模式之下，我们仍然要保证质量，按时交付，削减库存，这就需要借助数字化手段和大数据分析工具。第一，联宝科技基于历史数据，使用决策树算法（XG Boost）对未来的订单情况进行预测，并且预测颗粒度从总量细到具体的机型配置，订单预测结果有助于指导产能计划（涉及人力、供应计划和库存管理方面），从而最大限度地减少浪费或解决产能不足的问题；第二，从电子数据交换（EDI）接单到供应计划结果发布的全过程实现自动化，90分钟就可以完成一次完整的供应计划；第三，引入高级人工智能算法进行生产排程，考虑订单优先级别、物料供应和库存、生产效率、工艺制程之间的联动关系，共47个因素，从而在十几分钟之内就可以得出最优排产计划；第四，建立供应云平台，实现客户-联宝科技-供应商之间数据的互联互通，实现联合排产和统一指挥，以达到最大交付、最低库存效果。

（二）生产管理与产能优化方面

用工管理和工时利用效率是离散制造型企业的难点，联宝科技平均用工在 12 000 人至 15 000 人，高峰期用工达到 19 000 人。因此，快速有效的员工编组、员工调度是保证工厂效率的必要条件之一。在数字化转型之前，这些工作都需要车间主管和班组长先行互相沟通信息，然后手工完成。联宝科技依据生产的特点，开发了生产人员管理系统，实现了所有生产工艺段和班组人员出勤的可视化，并能依据各个班组的人员需求和实际到岗情况，进行智能推荐和自动调整，极大地提高了班组长的管理效率。

设备管理，也是保证工厂效率的必要条件之一。生产车间内所有设备通过传感器实现了互联互通，并把设备状态数据统一归集到设备管理平台，设备的使用状态一目了然，人员能提前对设备进行保养和维护，保证设备得以不间断的正常使用。

生产效率的最大化，必然离不开每一个过程、每一台设备的最优集合，任何一个过程或者设备出现异常，都会影响整体的产出。因此，我们为生产车间开发和部署了绩效管理系统，所有设备的运行效率均能实现可视化、异常预警及问题追踪闭环管理，从而保证生产效率处于最优且可控状态之下。

（三）供应链管理方面

与产业链上下游协同是联宝科技数字化转型的重要方向和行动之一，通过数字化系统与合作伙伴协同，实现数字化对产业链的赋能，提高端到端价值链的运作效率。目前，联宝科技与合作伙伴之间的合作，主要聚焦在以下几个领域：

（1）供应云：在供需层面，联宝科技和 300 多家一级供应商、100 多家二级供应商进行协同，实现信息共享和系统管理，其中部分核心供应商实现系统的 EDI 对接。

（2）质量云：通过质量云平台，联宝科技与超过 300 家供应商实现质量数据和工作流的协同，双方实时分享数据，第一时间制订行动改善计划、确认改善效果，从而使质量改善效率和效果大幅提高。

（3）联合排产：除了供需协同之外，联宝科技与本地供应商做了进一步的深度协作，实现联合计划、联合排产与调度，将双方的供需、库存和未来的生产计划共享，实现统一计划和生产，不但提高了交付满足率，同时也大幅减少了供应商的库存量。

（4）赋能上下游合作伙伴，推进数字化转型：联宝科技为上下游企业定制了轻量化生产执行系统，提高了他们的制造管理水平。同时，联宝科技依据不同企业的特点，设计开发了自动化生产线——北斗和天河，核心的供应商已经导入并取得了显著的经济效益。

（5）模具云：联宝科技对部署在供应商端的模具从模型到开模、运行监控、设变等进行管理，从而更加精准地管理模具寿命和生产质量。

（6）人才培养（弦歌工坊）：联宝科技通过引导上下游产业链的数字化转型，为生态企业培养专业人才，并与生态企业联合培育复合型"紫领"人才。

（四）可持续发展方面

可持续发展是企业的终极目标，绿色制造与循环经济是可持续发展的重要组成部分。绿色低碳目标是数字化转型的核心目标之一。

（1）联宝科技在厂区部署环境与设备监控系统（BAS），实现能耗 100% 的数字化管理，通过精确的管理和控制，最大化地提高能源的使用效率。

（2）绿色和低碳经济是整个产业链的使命和任务。联宝科技在供应商层面推进星火行动、清洁能源的使用、能源技改项目及数字化项目的部署，同时自主开发了 Green link 数字化系统，将核心供应商的碳排放管理纳入统一的平台，实现实时监控，并依据需要对各个企业进行碳核查，为其发放业界认可的碳核查报告。

经历 7 年的数字化转型之旅，联宝科技先后完成数字化人才团队组建和培训、生产自动化改造、IT 基础设施升级、工业互联网平台搭建、运营数字化工具开发、5G 和物联网技术部署等，在实际业务中开发和部署的数字化用例超过 100 个，其中行业内首次应用或者领先的数字化用例就有 31 个。

以业务场景和价值驱动为指导方向，持续推进的数字化转型，为联宝科技经营带来了质的变化（见表1），主要表现在：① 生产效率大幅提升。单位人时产能提高 45%，设备综合效率提高 5%，换型时间降低 80%。② 生产成本显著降低。单台计算机成本降低 15%，厂区能效降低 33%，每台计算机的碳排放降低 49%。③ 产品质量有效提高。

表1 联宝科技数字化转型的成效分析

指　　标	单　　位	影　　响
单台制造成本	美元/台	−15%
人均小时产出	台/人/小时	+45%
设备综合效率	%	+5%
材料质量缺陷率	DPPM	−55%
客户端不良率	DPPM	−28%
生产线换型时间	分钟	−80%
单台能效	千瓦时/台	−33%
单台碳排放	千克/台	−49%

材料质量缺陷率（百万分比的缺陷率，DPPM）下降55%，客户端不良率（DPPM）降低28%。

三 联宝科技数字化转型的典型案例

（一）基于人工智能的生产计划和排程

联宝科技每年生产交付3 000多万台产品（历史最高纪录达4 000多万台/年），覆盖全球126个国家。每年有65万个生产订单，但其中80%以上的订单是小于5台的定制化订单，从而可以看出传统生产计划和排程的效率低下、准确性差、客户需求响应慢等问题。

联宝科技基于人工智能自主开发的生产计划和排程系统，把客户、联宝科技和供应商的业务链整合起来，同时利用可自主学习的深度学习优化算法，兼顾生产效率、物料齐套、人力匹配、供应商交付、订单优先级等四十多个制约因素，通过排产控制中心及时响应产线、物料和人力等各种异常情况，更加敏捷地响应客户需求变化，实现客户与运营效率的最佳平衡。系统具有满足高复杂度的客户需求、高复杂度的供应等能力，以及具有主数据全可视、自动化订单优先排产、物料自动化分配、生产计划全过程自动化、模拟仿真等特征。

该系统在使用电子数据交换技术的基础上，重点运用大数据和公有云技术，并利用启发式算法优化方案，首创业界独有的高阶深度学习优化算法（此算法拥有7项发明专利）。该系统上线之后，立即帮助联宝科技有效解决了传统方法的五大难题：传统方式效率低，准确性低，响应慢；特殊客户需求（尤其是缺货条件下），客户订单交期模拟和专用物料的管理；计划人员无法通盘考虑全部制约因素；严重依赖计划人员经验，排产质量和效率参差不齐；供应商之间信息不透明，关联性和影响评估不准确。

系统上线使用后，经检验，整体的生产效率得到了大幅度提升，排产用时下降了97%，每天紧急订单满足率提升了20%，物料库存下降了50%。

（二）黑灯柔性组装测试自动化

笔记本电脑组装测试是产品质量保证的核心过程之一，同时也是生产最复杂、难度最高的过程。传统手工测试需要大量熟练的技术工人，而传统自动化测试又无法满足产品配置多样、混合生产、生产频繁切换的需求，导致效率低下、投入产出比低。

联宝科技自主开发的柔性组装测试自动化生产线系统，针对笔记本电脑的五大测试模块（键盘测试、触控测试、摄像头测试、音频测试、接口测试），实现了无人化（100%自动化率）、多机型混合生产，减少了生产线停机换线次数，避免了人工搬运带来的碰刮伤，全面提升了测试效率，同时也提高了测试质量。该系统有如下3个特点：高柔性，基于刀具库和模块化系统设计理念，进行全智能化控制插拔测试，不同机型无缝切换，可以同时兼容13～16英寸屏幕的所有机型混合生产；高质量，无人化、零接触，实现从全流程结果追溯，升级为全过程数据分析反馈，进行闭环管理；高效率，人工换型升级为自动换型，机型切换效率提升80%，采用的数字孪生技术，将测试模板设计效率提升了23倍。

为了实现以上"三高"功能，自动化系统采用了多项先进技术，包括高精度力矩传感器、光学伺服技术、工业级彩色相机及数据采样、人脸识别技术、光学算法、全封闭屏蔽箱、噪声消除技术、光学引导和角度仪伺服等。目前联宝科技生产过程已经实现了100%柔性自动化测试覆盖，并取得了巨大收益，如机型切换时间缩短了80%，实现了无人生产，整体质量提升了30%。

四 联宝科技数字化转型2.0战略及新业务赋能

经过7年的数字化转型，联宝科技实现了生产高度自动化，全过程数字化、标准化和可视化。在此基础上开发和部署的大量先进的数字化管理工具，大幅提高了经营和生产效率，极大地改善了产品的竞争力。面向人工智能新时代，联宝科技数字化转型的步伐并不会停止，并已正式启动2.0战略，聚焦在3个领域，即1个基础和2个突破，从而实现流程重塑和智能化应用的终极目标。

1个基础，即企业数据治理平台。数据是数字化转型和智能制造的基础，更是未来人工智能发展的核心要素。产品数据和全过程交易数据已经实现全公司范围

内的单一数据源（single source of truth），在继续巩固和扩大数据治理范围的同时，利用知识图谱技术和数据库技术，在公司范围内实现数据、信息和知识的统一治理，为垂直域的人工智能体开发打下基础。

2个突破，即流程重塑和智能化应用。第一，为进一步释放数字化转型的效能，需要对企业的核心业务流程进行打通和重塑，包括从研发到制造，从订单到交付，从信息技术到运营技术，从内部到外部。通过流程的打通和多模态数据的集成，重新定义产品开发及工程化流程、需求及计划流程、生产和交付流程、供应商质量管理流程、人与设备管理流程等，推动核心价值流进一步释放潜能。第二，在智能化应用方面，基于知识和数据治理平台，结合联宝科技和联想40年的产品开发、制造及全球供应链运作经验，利用人工智能技术，针对垂直域开发企业智能体，在日常活动中辅助员工和管理者进行自我诊断、预测和决策。

数字化转型使联宝科技的智能制造具备了超强的敏捷性、柔性和可靠性，其帮助联宝科技实现了核心PC业务的降本增效。同时，联宝科技积极利用领先的智能制造能力迅速拓展第二增长曲线，进入多个快速发展的新兴业务领域，先后成为新能源汽车域控制器、智能驾驶舱显示产品、嵌入式智能计算设备的原始设计制造商，以及智能算力平台和终端等产品提供商。

授人以鱼不如授人以渔，联宝科技不断将凝聚多年的数字化应用经验进行产品化，形成整厂、整

线、单机、软件共计四大类几十种软硬件的解决方案，为各行各业的制造企业赋能和服务，为中国制造业迈向低碳、智能化的发展轨道贡献力量。

五 数字化转型带来的管理变革

数字化转型是一场革命，是企业造血重塑的过程，对企业人才技能，管理理念、方法，以及业务流程都产生了根本性的影响和改变。

第一，人才技能和组织框架的升级。联宝科技在数字化转型的初期，就认识到了人才的重要性，积极对关键岗位的人才进行数字化培训和知识技能的升级，培养人才前瞻性的数字化技能，令其确立正确的数字化思维模式。如今联宝科技已经将数字化技能作为人才评定的重要标准之一，在各个层级都有相对应的具体要求和标准。同时，联宝科技成立数字化转型办公室，统一协调资源和各个业务模块的流程，并推进数字化用例的开发、应用、验收和效果评价。

第二，管理效率的显著提升。数字化转型开始阶段主要聚焦计划、采购、生产和质量四个主要业务活动。数字化转型之后，各个协作环节能够使用统一的标准数据和系统，做到全数据流程的可视化和可信任。同时算法和大数据模型的应用，使得传统的手工业务分析模式升级成系统的自动分析模式，并提供建议和最后阶段的专家校准，极大地提高了人员劳动生产率和业务决策的效率和质量。另外，由于数据标准化和系统计算能力的加强，

联宝科技的管理颗粒度也得到了进一步升级，实现了更加精细化的管理。

第三，逐渐形成协作和进取的企业文化。数字化转型之后，大量业务和管理数据已经全程可追溯、可监控和可信任，各个环节的工作成果实现了数字化、可视化和透明化，避免了沟通和理解偏差，员工会更加关注数据、事实和结果。一段时间之后，企业文化慢慢发生了两个主要变化：① 责任感和自我驱动意识增强；② 数据和事实驱动的工作文化逐渐建立和增强。这些显著变化为企业持续发展奠定了坚实的组织和文化基础。

六　总结

数字化转型是企业由内及外、自上而下开展的一场全面革命，不论是信息化项目，还是数字化项目，都没有结束日期，需要企业持续迭代与演进。我们需要利用数字化转型对企业管理和运营过程进行重塑，最终将其与企业经营活动合二为一。

企业能否成功实现数字化转型，需要关注和解决以下关键问题：一是清晰定义数字化转型的短期与中长期目标，以及与公司战略的关系，并平衡好投资与回报；二是以终为始，将业务场景和价值作为数字化转型的出发点；三是通过核心团队思维方式的改变、知识结构及技能的更新，为推动变革提供动能；四是组建强有力的领导组织，自上而下地推动数字化转型和管理变革，使管理体系与数字化转型不断融合，从而产生经济效益；五是保持看得远、用对人的管理目标，循序渐进，持之以恒。◆

【作者介绍】

丁晓辉，现任联想集团副总裁，联宝（合肥）电子科技有限公司首席执行官，其在计算机和手机行业拥有20多年工程、质量及供应链管理经验，尤其在数字化转型领域有着独到见解和丰富经验。在其领导之下，联宝科技大力推进企业数字化转型和业务变革，并取得显著成效，成功实现业务多元化、运营数字化和管理精细化。2020—2023年，联宝科技连续4年营业收入突破千亿元人民币，蝉联安徽省最大进出口企业，并于2023年成功入选世界"灯塔工厂"网络。企业在不断推进自身发展的同时，积极履行社会责任，带动上下游产业链共同做强、共同发展，并在"扶危济贫""兴教助学"等方面也作出了很大贡献。

"数字+算法"驱动"未来制造"转型创新研究

史占中　刘新文　张　涛　冯春风　刘香港

摘要

　　数字经济时代,"数据"成为生产要素,"算法"成为生产工具,"数字+算法"也已成为重要的生产力,对经济社会各个领域都将产生深远影响。"未来制造"作为中国未来产业前瞻性部署的六大新赛道之一,如何以"数字+算法"为核心引擎,形成数字新质生产力,驱动"未来制造"转型创新已成为重要议题。本文基于"数字+算法"驱动"未来制造"转型创新的发展趋势,深入剖析以"数字+算法"推动"未来制造"转型创新的驱动机制及所面临的挑战。基于智能工厂、数字孪生和智能供应链等实践案例分析,从技术、组织和政策三个维度探讨"数字+算法"驱动"未来制造"转型创新的对策和建议,以期为中国未来制造业高质量发展提供决策参考。

关键词

数字+算法;未来制造;转型创新

【作者简介】

史占中　上海交通大学安泰经济与管理学院教授、行业研究院"人工智能+"行业研究团队负责人、数字经济行业社群班责任教授。研究方向为数字经济和战略管理。

刘新文　博士生,上海交通大学行业研究院"人工智能+"行业研究团队成员。研究方向为人工智能与数字经济。

张　涛　博士生,上海交通大学行业研究院"人工智能+"行业研究团队成员。研究方向为人工智能与数字经济。

冯春风　博士生,上海交通大学行业研究院"人工智能+"行业研究团队成员。研究方向为人工智能与数字经济。

刘香港　博士生,上海交通大学行业研究院"人工智能+"行业研究团队成员。研究方向为人工智能与数字经济。

一　引言

当前,中国已构建起全世界规模最大,门类最齐全、最完整的制造业体系。2023年,中国制造业增加值占全球GDP比重约为30.0%,规模连续14年位居全球第一(见图1)。

但中国制造业"大而不强""全而不精"的问题积重难返,如制造业自主创新能力不强、关键核心技术"卡脖子"、产业基础不牢、资源约束趋紧、要素成本上升、产品附加值低、"低端锁定"、产品国际竞争力不足等问题突出。同时,也面临"高端回流""低端转移"等外部冲击和挑战。因此,如何推动制造业高质量发展,抢占未来产业发展制高点,成为中国学术界和业界广泛关注和亟待解决的问题。

数字经济的兴起,为中国制造业由"制造大国"向"制造强国"转变提供了难得的发展机遇。"新质生产力"的提出,也为中国制造业未来发展明确了主攻方向。2024年1月工信部等七部委联合发布《关于推动未来产业创新发展的实施意见》,更是将"未来制造"作为中国未来产业前瞻部署的六大新赛道之一,这为中国制造业向先进制造、智能制造转型创新提供了行动指南。

同时,数据、算力、算法已成为数字经济和新质生产力的重要支撑。数据作为新质生产力数字化发展的新型生产要素,算力作为数字经济时代的新型生产力,算法作为现代科技发展的基础和新的生产工具[1],"数字+算法"的结合通过提升技术创新水平,实现商业模式创新,促进资源优化配置,进而驱动制造业向智能制造、生物制造、纳米制

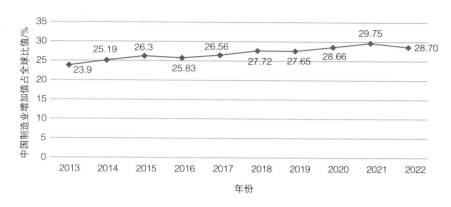

图1　中国制造业增加值占全球比值
（数据来源：证券时报）

造等"未来制造"发展,受到政府部门的高度重视。基于此,本文探究"数字+算法"驱动"未来制造"转型创新的问题与趋势、机遇与挑战,并提出相应的对策建议,这对以未来产业为核心,加快形成新质生产力,促进制造业向高端化、智能化、绿色化发展,实现经济高质量发展具有重要意义。

二　"未来制造"的转型创新:势在必行、时不我待

当前,"数字+算法"已经快速融入生产、分配、流通和消费等经济运行的各个环节,深刻改变着生产、生活方式和社会治理模式。以发展"智能制造、生物制造、纳米制造、激光制造、循环制造"为核心的"未来制造"将成为我国制造业抢占全球制造业新一轮制高点,提升国际竞争力的重要抓手。"数字+算法"驱动以新一代信息技术与先进制造技术深度融合为主线的"未来制造"转型创新发展呈现出新趋势。

(一)　数字孪生技术推动虚实融合

随着大数据、云计算、区块链、物联网和人工智能等新一代信息技术的迅猛发展,数字孪生技术也得到了快速发展,并被广泛应用在制造、航空航天、能源、医疗和城市规划等领域。数字孪生技术是通过构建物理对象的虚拟镜像,利用传感器数据驱动物理对象与虚拟对象同步运行,实现在数字空间内对物理对象状态监控、分析预测、逆时复现等过程的先进技术[2]。简而言之,就是在虚拟世界中,构建物理实体的"克隆体",还原现实世界中的场景,从而支持人们对物理实体进一步了解、分析和优化决策。数字孪生关键技术包含建模技术、仿真技术、数据交互技术和虚拟现实技术等[3],具有互操作性、可扩展性、实时性、保真性和闭环性等特征[4]。而上述技术正是"未来制造"有望突破的关键核心技术。

2023年全球数字孪生相关软件和服务规模将达175亿美元,2027年将达735亿美元,2022—2027年的复合年增长率将达到60.6%[5]。根据中国信通院的数据,我国半数以上地级行政区已开展数字孪生城市相关建设。全国数字孪生规模累计已达近600亿元,2023年新增项目金额达140亿元以上[6]。

在制造业领域，数字孪生技术主要运用在制造业的产品设计、生产制造和安全维护等环节。在产品设计阶段，通过数字孪生技术对产品的物理属性和行为数据进行建模分析，提高产品设计效率和质量；在生产制造阶段，可利用数字孪生技术对生产设备、制造过程、生产工序进行模拟，进而改善工艺流程，提高生产效率和管理效能；在安全维护阶段，利用数字孪生技术、大数据技术进行仿真建模和数据分析，实现对设备性能的准确检测、智能诊断和故障预警，进而确保生产线的稳定运行[7]。数字孪生技术推动虚实结合，成为"数字+算法"驱动"未来制造"转型创新的趋势之一。

（二）人机协作模式重塑生产方式

人机协作是"数字+算法"驱动"未来制造"转型创新的典型模式。具体而言，人机协作是在工业生产环境中，人类工作人员与自动化设备或机器人在同一工作空间内，协同完成任务的一种新型交互模式，强调的是安全、高效和灵活的工作流程设计。人机协作的本质特征体现在互补优势、动态适应性和任务灵活性上，旨在最大化整体作业效率，减少人为差错，并降低劳动强度。因而，被广泛运用在智能制造、生物制造、纳米制造等"未来制造"领域。

在"未来制造"领域，人机协作模式将重塑制造业生产方式。一是人机协作模式可以极大地提高生产与制造的效率和质量。在人机协作中，协作机器人通常采用轻质设计、柔性结构和智能控制算法，能够自适应地与人类协作，实现高效、安全和灵活的生产制造。二是人机协

作模式可以降低生产成本及缓解人力资源短缺问题。通过对协作机器人的运用，不仅可以减少对劳动力的需求，进而减少劳动成本，缓解人力资源不足问题，同时也可以降低劳动者的劳动强度。

（三）柔性制造系统实现快速响应

前瞻性布局"未来制造"带动了柔性制造、共享制造等模式的推广。柔性制造系统则是整合了计算机控制、自动化设备、灵活工艺和智能管理等技术，可以根据不同的生产需求自动调整生产线配置，优化工艺流程，进而实现个性化、小批量的加工生产[8]。"数字+算法"的推广应用，将有效打破时间和空间限制，实现对产品需求和市场变化的快速响应，驱动"未来制造"向分布式研发、个性化定制、小批量生产和智能化服务转变。柔性制造成为"未来制造"提升企业竞争力的优势，以及驱动制造业由订单驱动向智能生产转型的切入点和突破口，因而具有广阔的前景。

一方面，柔性制造系统可以配置多种类型的机器设备，通过智能化制造流程与在线监测控制系统实时调整加工参数和工艺流程，以满足不同零部件工艺需求，提高生产效率和产品质量[8]。另一方面，柔性制造系统具有较强的产品定制能力，企业通过实时采集数据和智能化生产调度系统，能够根据客户的个性化需求灵活调整生产线，实现产品小批量、个性化生产。这种个性化定制的灵活性显著提高了企业对市场变化的应对能力，满足了消费者对个性化产品不断增长的需求[8-9]。例如在汽车制造行业，通过调整参数和更换部件，汽车制

造商可以在同一条生产线生产不同型号的汽车；在生物医药行业，企业可以提高药品研发的灵活性和生产效率，满足不同批次和规模的需求。

柔性制造系统与人工智能、物联网等新一代信息技术的结合，将进一步加快推动智能制造的转型创新。通过智能感知、自适应控制等技术的应用，柔性制造系统可以减少资源浪费，降低对环境的影响，通过节能减排、循环利用等措施，实现绿色生产，满足社会对可持续发展的需求，推动制造行业向更加环保的方向拓展[10]。

（四）智能算法促进资源优化配置

"数字+算法"驱动"未来制造"转型创新的核心就在于是否拥有精准的数据和优化的智能算法。智能制造是传统制造业生产链智能化和价值链创新的关键，算法则是重要手段之一。智能算法通过对制造业数据的动态感知、高速传输、精准分析，从而提升制造业数智化水平[11]。一是智能算法的应用可以实现对生产调度的优化，通过在生产流程中应用精准的算法模型，实现对整个生产流程的全面控制，根据市场需求和生产环境变化，及时调整生产，提高资源配置效率和生产线整体生产效率。二是智能算法的应用可以实现对生产过程的实时监控，利用大数据、云计算、机器学习等数字技术，对生产过程中产品质量参数进行实时监控，及时发现不合格产品，提高产品质量。三是智能算法的应用可以为企业提供决策支持。市场环境复杂多变，要求企业能够根据市场需求和环境变化，迅速做出决策，优化资源配置，及时调整生产[1]。

当前,中国的智能算法技术已覆盖制造业多个细分行业,但国务院发展研究中心《算法经济指数与政策研究》报告显示,我国智能算法主要集中在计算机、通信和其他电子设备制造业、电气机械和器材制造业等行业,应用的广度和深度还存在较大的差异。

三 "数字+算法"驱动"未来制造"转型:从"制造大国"到"智造强国"的嬗变

"未来制造"作为先进生产力的代表,是引领制造业未来发展方向的重要产业形态,为"数字+算法"的应用提供了丰富的场景,"数字+算法"则为中国"未来制造"转型创新提供重要的驱动力。当前,中国在"数字+算法"驱动"未来制造"转型创新方面具有以下优势。

(一)新一代信息技术与制造业融合的战略推进

中国政府一直致力于积极推进新一代信息技术与制造业融合。党的十六大报告中就明确提出,以信息化带动工业化、以工业化促进信息化,走新型工业化的道路,并首次提出"两化融合",工业化与信息化融合由此拉开序幕。党的十七大提出了"大力推进信息化与工业化融合"。党的十八大要求推动信息化和工业化深度融合。随后,党的十九大进一步提出"加快建设制造强国,加快发展先进制造业,推动互联网、大数据、人工智能和实体经济深度融合"。为加快推进新一代信息技术与制造业融合发展,提升中国制造业数字化、网络化和智能化

水平,中国相继出台《关于深化制造业与互联网融合发展的指导意见》(2016年)、《关于深化"互联网+先进制造业"发展工业互联网的指导意见》(2017年)和《关于深化新一代信息技术与制造业融合发展的指导意见》(2020年)等系列文件。

《"十四五"信息化和工业化深度融合发展规划》提出了两化融合发展的总体目标、5个方面的分目标,以及5项主要任务、5项重点工程和5个方面的保障措施,新一代信息技术与制造业融合发展战略部

署愈加全面深化。上述政策文件和战略部署的持续推进,为中国以"数字+算法"驱动"未来制造"提供了政策保障,并取得了突出的成效。2023年,中国关键工序数控化率和数字化研发设计工具普及率分别达到62.2%和79.6%,较2019年分别提高了12.1和9.4个百分点(见图2)。累计建成62家"灯塔工厂"(见图3),占全球总数的40%,全年新增11家,占全球新增总数的52.4%。累计培育421家国家级智能制造示范工厂。

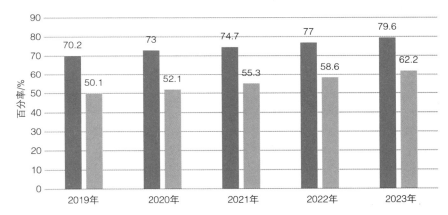

图2 全国工业企业关键工序数控化率、数字化研发设计工具普及率
(数据来源:工业和信息化部)

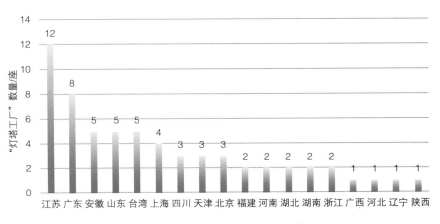

图3 中国"灯塔工厂"地区分布
(数据来源:证券时报)

（二）完备的工业体系与日益完善的数字设施

一方面，当前中国工业体系形成了"全、多、大"的独特优势，为中国"数字+算法"驱动"未来制造"转型创新提供了施展空间。"全"即体系全。按照联合国对现代工业体系的分类，所有工业包括39个工业大类、191个中类和525个小类，中国工信部的数据显示，中国已经拥有41个工业大类、207个工业中类和666个工业小类，成为全球唯一拥有联合国产业分类中全部工业门类的国家。"多"即品种多。在全球500种主要的工业产品中，中国有220多种产品产量位居全球第一。"大"即规模大。据工信部的数据，2023年，中国全部工业增加值达到了39.9万亿元，占GDP的比重为31.7%；制造业增加值占GDP比重为26.2%，占全球比重约30%。

另一方面，中国构建了较为完善的数字基础设施，为中国以"数字+算法"驱动"未来制造"转型创新奠定了坚实的基础。根据《数字中国发展报告（2023年）》报告，截至2023年年底，中国累计建成5G基站337.7万个，全国在用数据中心标准机架超过810万架（见图4），算力总规模达到230EFlops，居全球第2位，具备千兆网络服务能力的端口达到2 302万个，移动物联网终端用户占移动网络终端连接数的比重达到57.5%。5G应用融入74个国民经济大类，工业互联网覆盖全部41个工业大类，全国已创建示范应用项目超8 000个，5G工厂300个，具有一定区域和行业影响力的综合型、特色型、专业型工业互联网平台数量大幅增加，重点平台连接设备超过9 600万台（套）。

（三）充满活力的创业生态促进了技术创新与应用

中国创新创业整体上蓬勃发展，不仅创业数量大、创投活跃，而且创业质量、创业生态也逐步向好。在创业数量方面，2023年，中国新设经营主体3 273万户，日均新设企业2.7万户。在创业质量方面，截至2024年4月，中国拥有独角兽企业369家，独角兽企业数量占全球独角兽企业数量的1/4，主要集中在人工智能和集成电路领域，且主要分布在北上深广杭等城市。在工业软件方面（见图5），2023年，全国工业软件企业注册数量超过30.83万家，较2022年增长近三分之一。此外，为营造良好的创业生态环境，中国出台了《国务院关于大力推进大众创业万众创新若干政策措施的意见》等系列政策，激发中国创业主体的活力和潜力。大量的创新创业企业成为中国技术创新与应用的主要场所。

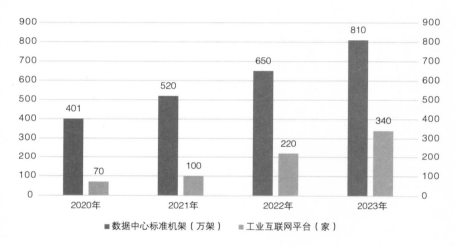

图4 2020—2023年数据中心标准机架和工业互联网平台数量

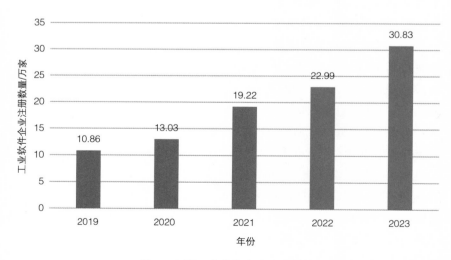

图5 全国工业软件企业注册数量
（数据来源：中商产业研究院）

（四）海量工业数据为算法优化提供了有力支撑

正如前文所述，中国具备完备的工业体系，是全球唯一一个拥有联合国产业分类中全部工业门类的国家，在生产端拥有丰富的场景优势。几乎在所有工业领域，中国企业都是世界前沿技术和设备的最大用户。随着制造业数字化、网络化、智能化的不断演进，中国工业机器人、数控机床、智能生产线、智能工厂等先进应用加速普及，其所产生的研发设计、生产制造、销售服务等海量数据，为算法的训练、优化提供了数据支撑。

根据《数字中国发展报告（2023年）》，中国数据产量保持快速增长态势。2023年，全国数据生产总量达32.85 ZB（1个ZB约等于10万亿亿字节），同比增长22.44%。截至2023年底，全国数据存储总量为1.73 ZB。2023年移动互联网接入总流量为0.27 ZB，同比增长15.2%。金融、互联网、通信、制造业等领域的数据需求较大且交易量增长较快。这些海量企业级用户场景和需求数据，将极大地促进中国本土企业针对客户需求开展算法技术训练优化和产品迭代创新，缓解和突破"卡脖子"问题，实现创新驱动发展。此外，数据交易市场不断升温（见图6），2022年以来新挂牌数据交易场所达到48个。2023年，上海数据交易所、贵阳大数据交易所、深圳数据交易所的交易额分别突破11亿元、20亿元、50亿元。活跃的数据交易市场为激活和挖掘数据要素价值奠定了坚实的基础。

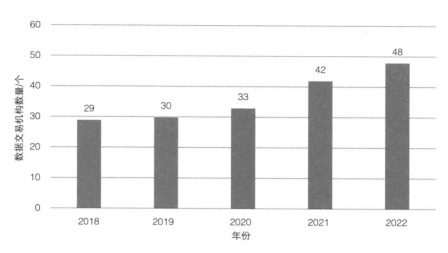

图6　全国数据交易机构数量
（数据来源：中国信息通信研究院）

四　"数字+算法"驱动"未来制造"转型创新：问题与挑战

中国具有完备的工业体系，且日益完善的数字设施、海量工业数据能为算法优化提供支撑等，这给"数字+算法"驱动"未来制造"转型创新带来了独特优势，但所面临的挑战也不容忽视。

（一）核心领域进口依赖严重

核心技术与高端装备的进口依赖已成为"未来制造"发展的一个重要瓶颈。这一挑战主要体现在以下三个方面。

一是高端装备严重依赖进口。被称为"工业母机"的机床是"未来制造"的基础，但国内高端机床市场绝大部分一直依赖进口，这制约了中国制造业在高精度、高效率、高稳定性加工方面的能力提升。"制造业皇冠顶端的明珠"——工业机器人的部分核心部件同样仍依赖进口。高端装备的进口依赖不仅增加了生产成本，也使得中国制造业在全球价值链中处于不利地位。

二是关键领域存在短板。中国在集成电路、操作系统、工业软件、智能装备等方面面临严重短板。以高端电子装备制造领域为例，芯片制造材料、电子设计自动化（EDA）软件、极紫外（EUV）光刻机等关键技术和设备严重依赖进口。类似的问题也存在于机械制造、航空航天、高端医疗设备等领域，亟待加强自主创新。这些关键领域的短板不仅限制了中国制造业的发展潜力，还可能对国家安全和经济独立性产生深远影响。

三是产业控制力不强。外资企业在中国的投资规模虽然在不断扩大，但呈现出独资化趋势。外资企业掌握核心技术，向中国输出的多为生产和供应链的低端环节。这使得中国企业难以通过合资方式获得先进技术和管理经验，削弱了对产业的控制力。这种局面不利于中国未来的制造业的长期发展和技术积累，也可能导致关键产业的话语权逐渐流失。

（二）工业软件生态发展滞后

工业软件与工业App这一领域面临的挑战主要体现在四个方面。

一是核心技术自主可控度低。国产工业软件的核心技术相对落后，产品通用性和稳定性较差，难以应对复杂的应用场景。高端市场仍由外国企业产品垄断，这使得中国工业软件在关键领域缺乏话语权和竞争力。

二是研发投入与人才储备不足。工业软件的研发周期长、投入大、回报周期长，导致许多企业不愿意或无力进行大规模研发投入。同时，行业面临严重的人才短缺问题。既懂工业又懂软件开发的复合型人才稀缺，高端人才流失严重，而现有的人才培养体系又难以满足行业快速发展的需求。

三是产业生态薄弱。目前，中国尚未形成产用结合的工业软件生态体系。软件企业和工业企业之间缺乏紧密的联合机制，难以形成良性互动。市场更青睐成熟的国外工业软件，导致国产软件的产业化和商业化进程受阻，难以在实际应用中得到验证和改进。

四是基础支撑不足。工业软件的发展依赖于工程知识、数学、物理、计算机等基础学科，但这些领域在中国的发展相对滞后。跨学科融合不够，难以为复杂工业软件的开发提供必要的理论和技术支撑。此外，知识产权保护意识薄弱，不利于企业增加研发投入和推动创新。

（三）数据孤岛制约亟待解决

数据孤岛问题是制约"未来制造"转型创新的一大阻碍，主要表现在以下三个方面。

一是缺乏统一标准，严重限制了产业的规模化发展。工业数据流通交易价值化面临严重的"标准难"问题，产业链上下游企业普遍采用不同厂商的软件系统，数据格式和接口标准不一致，阻碍了顺畅协同。即便通过格式转换等处理，数据关键信息的丢失也难以避免。此外，各机构组织的数据标准缺乏整体规划和协调，严格统一的标准尚未建立，容易造成数据名称不规范、语义模糊等问题，严重影响数据的互通性和可用性。

二是数据流通与交易机制亟待完善。目前，非标准化的场外交易仍是数据交易的主导模式，各交易平台规则不一，缺乏跨区域、跨行业的统一标准和规范。尽管在数据标识、接口和存储方面已有相关标准，但其系统性和全面性不足，特别是在数据管控、数据血缘等技术标准方面仍存在显著空白。

三是数据产权制度建设严重滞后。目前，对数据确权、流通、共享等核心问题尚无明确的规定。特别是在工业数据领域，专门立法仍属空白。国家层面缺乏体系化的数据产权制度政策，现有政策也缺少配套实施方案和具体标准规范，对工业数据流通及价值化途径的政策引导明显不足。

（四）网络安全风险日益严峻

网络安全风险成为"未来制造"面临的一个关键挑战，主要体现在以下三个方面。

一是网络攻击日趋频繁。工业大数据作为"未来制造"时代中制造业企业的核心资产，容易成为不法分子的目标。Cloudflare于2024年7月发布的应用安全报告显示，目前有近7%的互联网流量被视为恶意流量。DDoS攻击仍然是针对Web应用程序的最普遍威胁，93%的Bot流量可能是恶意的。仅仅在2024年第一季度，Cloudflare平均每天拦截2 090亿次网络威胁，比去年增长86.6%。

二是数据类型复杂、业务系统交织。随着"未来制造"的推进，企业在产品设计、生产、物流、销售等各个阶段都会产生大量数据。同时，企业通常使用多套业务系统，如办公自动化系统、企业资源计划系统、制造执行系统、客户关系管理系统等。这些系统之间数据互相重叠、可相互访问，使得企业难以针对不同级别数据采取差异化的安全措施，这不仅增加了合规风险，数据关系梳理的难度，也提高了数据泄露的风险。

三是核心数据保护不足。"未来制造"的技术架构复杂，安全隐患多，包括组件漏洞、IT/OT融合、供应链复杂性、老旧工业控制系统、不安全协议使用等多方面挑战。部分制造业企业可能拥有关乎国家科技实力的设计和工艺等核心数据，其与监管部门就核心数据的协同管理工作进度较慢。

五 "数字+算法"驱动"未来制造"转型创新：模式与路径

（一）无锡小天鹅："数字+算法"赋能的智能工厂模式

无锡小天鹅电器有限公司是中国家电行业的领军企业之一，在洗衣机制造领域占据重要地位。面对日益激烈的市场竞争和消费者对个性化产品的需求，无锡小天鹅制定了"智能家居＋智能制造"的"双智"战略。

在数字化研发方面，无锡小天鹅建立了以PDM系统为核心的设计生态。PDM系统集成了CAD（计算机辅助设计）、CAE（计算机辅助工程）、CAM（计算机辅助制造）等设计软件，提高了数据共享度和设计效率。同时，公司采用应用数字化工艺管理（DPM）系统进行工艺数据的线上编制和流转，并通过仿真技术的应用，使产品研制周期缩短了30%以上。此外，公司基于模块化理念，推出了个性化BOM选配系统，为客户定制需求提供了快速响应的解决方案。

在智能生产管理方面，无锡小天鹅建立了基于"云-边-端"架构的监督控制和数据采集（SCADA）系统，实现了设备数据的实时采集和分析。公司还应用数字孪生技术，构建了工厂、生产线和设备的虚拟模型，用于生产状况监测和优化。这些举措使得生产过程更加透明化，设备利用率显著提升。

为实现数据驱动的柔性制造，无锡小天鹅启动了"632"项目，集成了六大运营系统（PLM、ERP、MES、APS、CRM、SRM），打通了从研发、采购到生产、销售的全价值链。基于这一集成平台，公司创新性地推出了"T+3"快速交付模式，将订单交付周期从原来的28天缩短至3天，大幅提升了市场响应速度。

在大数据应用方面，无锡小天鹅开发了"地动仪"大数据分析平台，通过对互联网洗衣机运行数据的分析，为产品优化和精准营销提

供决策支持。公司还建立了覆盖全价值链的数据分析体系，通过"智造驾驶舱"实现了数据可视化和实时监控，为管理决策提供了有力支撑。

算法创新是无锡小天鹅智能制造转型的关键驱动力。公司在智能排产、预测性维护、质量控制和能源优化等方面开发了一系列先进算法。例如，智能排产算法能够根据订单情况和生产资源动态优化生产计划；预测性维护算法通过分析设备运行数据，预判可能发生的故障，降低了设备非计划停机率。

通过这一系列"数字＋算法"驱动的智能制造实践，无锡小天鹅取得了显著成效：生产效率提高20%以上，产品研制周期缩短25%以上，且运营成本和不良品率均降低20%以上。因此，无锡小天鹅建立了快速响应市场需求的能力，增强了企业竞争力。

无锡小天鹅的智能工厂提供了如下启示：首先，向"未来制造"转型需要明确的战略引领，将数智化战略与业务战略紧密结合。其次，数据是"未来制造"的核心驱动要素，企业应建立贯穿全价值链的数据采集、分析和应用体系。最后，智能制造转型是一个持续的过程，需要企业在组织结构、人才培养等方面进行相应的变革。

（二）中南智能长泰机器人：数字孪生技术引领"未来制造"新范式

中南智能长泰机器人有限公司是中国智能制造领域的创新先锋，在汽车制造和工业机器人应用方面具有丰富经验。随着制造业从

高速发展向高质量发展转变，中南智能长泰意识到必须通过数智化转型来提升核心竞争力，因此制定了以数字孪生技术为核心的"未来制造"战略。

在数字孪生技术研发方面，中南智能长泰提出了独特的"六位一体"模型。这一模型融合了虚拟实体、数据交互等六个关键维度，成功将物理实体相似度推至99.9%的高度。公司自主研发了多元异构数据处理技术，不仅兼容30余种公共协议和规范，还巧妙解决了长期困扰业界的异源数据统一处理难题。公司通过与华为和中国移动合作引入5G技术，显著增强了数据采集和处理能力，为数字孪生系统的实时运行奠定了坚实基础。

为构建完整的数字孪生环境，中南智能长泰在湖南建立了工业4.0创新中心，汇聚了500多套尖端软硬件设施，构成了一个完整的数字孪生生态系统。公司还与湖南大学、中国科技大学等高等学府展开产学研合作，在数据处理和实时技术等前沿领域进行深入探索，极大地推动了数字孪生技术的创新进程。

在智能生产管理方面，中南智能长泰开发的基于工业互联网的数字孪生系统，实现了生产线与虚拟孪生体之间的实时数据交互和精准控制。公司构建的协同工业规划和软件开发平台整合了110种应用场景和数千个实际项目经验，为客户提供了全方位、高度定制化的智能制造解决方案。

中南智能长泰的数字孪生技术在多个领域取得了显著成效。在东风汽车的应用中，该技术成功优化了21种混流生产线，实现了虚实

环境的无缝对接和闭环控制。在奔驰内饰零部件生产中,数字孪生系统则显著提高了产品换型效率和产能规划的准确性,实现了工艺知识的数字化沉淀和传承。通过这一系列"数字+算法"驱动的数字孪生实践,中南智能长泰不仅提升了自身竞争力,也为客户创造了显著价值。中南智能长泰的数字孪生智能制造实践提供了以下启示:首先,前沿技术创新需要与行业实际需求紧密结合;其次,构建完整的数智化基础设施和人才体系对技术落地至关重要;再次,算法创新是实现智能决策和优化的核心;最后,产学研合作可以有效推动基础研究和应用创新的融合。

(三) 安得智联:"数字+算法"驱动的智能供应链转型之路

安得智联作为美的集团的智慧物流板块,在城市配送业务领域占据重要地位。面对订单碎片化、小批量化的趋势和服务要求的不断提升,安得智联制订了以"数字+算法"驱动的智能供应链为核心的转型战略。

算法技术驱动的智能调度。安得智联的智能调度系统以尖端的运筹优化算法为核心,与公司自主研发的运输管理系统完美融合。这种集成不仅实现了订单的智能分配,更是对运力资源利用效率的全面提升。系统的独特之处在于其多维度考量:从装载体积到串点数量,从运输距离到合线路线,再到车型拓展,每一个细节都经过精心优化,使得调度效率和准确性得到前所未有的提升。

数据赋能的精准预测与智能决策。在大数据时代,安得智联充分利用TMS系统积累的海量业务数据,构建了强大的需求预测模型。这不仅为区域和B端客户提供了精准的订单需求预测,更为集货和发货时间点的确定提供了科学依据。公司创新性地将运力资源池信息与实时导航数据相结合,实现了订单的智能组合和线路的自动优化,将人工调度的经验转化为可复制的数字智慧。

构建全国布局智能调度网络。安得智联的目标不止于单点突破,而是构建了覆盖全国8个片区、136个配送中心的庞大智能调度网络。这一网络的意义不仅在于其规模,更在于它彻底改变了传统城配业务对人工经验的依赖。借助这一系统,即使是新入职的调度员也能快速掌握复杂的调度工作,大幅提升了整个行业的运作效率和标准化水平。

城配"长合车"系统的算法创新。在不断追求创新的道路上,安得智联开发出了城配"长合车"智能调度系统。这一系统的独特之处在于其全局优化的视角,不仅提高了效率,更实现了显著的成本节约。2022年第一季度,该系统在全国范围内的成功推广,标志着安得智联在智能调度领域迈出了决定性的一步。

通过这一系列"数字+算法"驱动的智能城市配送实践,安得智联取得了显著成效:采用智能调度系统的配送中心单位运输成本较2021年同期大幅下降了4.6%,满载率提升了4个百分点。尤其值得一提的是,东部地区的配送中心在应用该系统后,方千米(1方土运送1千米)成本同比降低4.34%~13.47%,不仅为公司创造了可观的经济效益,还显著提高了一线员工的工作效率。

安得智联的智能供应链展示了技术创新和数据驱动决策对效率提升的关键作用,证明了先进算法可直接转化为经济效益。智能系统不仅实现了标准化操作,减少了对个人经验的依赖,还凸显了全局优化的重要性。这些经验既适用于物流行业,也为其他领域的智能供应链建设提供了有价值的参考。

(四) 酷特智能:"数字+算法"驱动服装行业转型的典范

酷特智能股份有限公司(前身为红领集团)是一家从传统服装制造企业成功转型为C2M(顾客对工厂,customer to manufacturer)产业互联网平台的典型代表。通过运用"数字+算法"驱动的创新模式,酷特智能彻底颠覆了传统服装行业的生产方式,实现了"用工业化的效率和成本制造个性化产品"的突破,为服装行业的数字化转型树立了标杆。

打造以数据为核心的智能工厂。酷特智能通过自主研发建立了版型、工艺、款式、BOM四大数据库,包含了百万万亿量级的数据,可以满足99.99%的个体个性化定制需求。酷特智能的智能工厂通过数据驱动,每一步生产指令都由数据大脑控制,实现了规模化按需生产和零库存管理。

构建算法驱动的智能设计与量体系统。酷特智能自主研发了智能设计打版系统和智能裁床,实现了电脑自动制版和智能裁剪。同时,通过AI智能量体技术,只需7秒即可完成对人体19个部位22项尺寸数据的自动采集,大大提高了定制效率。这套标准化方法使得没有相关经验的人经过简单培训就能完成精准量体，彻底改变了传统定制模式中对老裁缝的依赖。

升级C2M商业模式的数字化平台。酷特智能构建了完整的C2M产业互联网平台。在B端，为全球服装品牌商、创业者和设计师提供从量体、研发设计到智能制造、物流配送的全产业链数字化解决方案。在C端，通过"红领REDCOLLAR"品牌为消费者提供个性化定制体验，并实时捕捉市场需求数据，不断完善平台功能。

完善数字化治理体系。酷特智能建立了独特的"酷特智能数字化治理体系"，通过规范化、标准化、体系化、数字化、平台化建设，实现了去领导化、去部门、去科层、去审批、去岗位等扁平化管理。这一体系直接去掉了80%的生产管理岗位，使企业效率提升了20%，同时也提高了ESG（环境、社会和公司）治理水平。

通过"数字＋算法"驱动的创新实践，酷特智能实现了从"0到1"的突破，成功解决了传统服装行业面临的高库存、低效率等痛点问题。公司不仅实现了"1件起订，7天交付"的柔性生产能力，还做到了"一人一版、一衣一款、单量单裁、一件一流"的极致个性化定制。

酷特智能为整个服装行业乃至制造业的数字化转型提供了可复制、可推广的成功范例。酷特智能的实践证明，通过数字技术与先进算法的深度融合，传统制造业能够实现从"红海厮杀"到"蓝海新生"的跨越式发展，推动中国制造向中国智造的转变。

六 "数字＋算法"驱动"未来制造"转型创新：思路与出路

随着全球制造业进入新的转型时期，"数字＋算法"成为推动"未来制造"的核心引擎。本文从技术策略、组织策略和政策策略三个方面，提出了若干"数字＋算法"驱动"未来制造"转型创新的对策建议，以期推动"数字＋算法"在制造业中的应用，提升中国制造业的创新能力与综合竞争力。

（一）技术层面

1. 关键技术选择与研发

数字化基础设施是"未来制造"转型创新的基石。构建高效、可靠的数字化基础设施，首先需要大力发展高速宽带网络和5G通信技术，确保制造企业能够高效收集、传输和处理海量数据。其次，工业物联网作为数字化基础设施的重要组成部分，需在制造业中得到广泛应用。通过工业物联网，设备与设备之间可以实现互联互通，数据的实时监控和采集将大幅提升生产效率。此外，还需建立云计算和边缘计算平台，以支持大规模数据存储和高效计算能力。通过这些平台，可以更好地管理和分析数据，为智能制造提供有力支撑。

在"未来制造"转型创新过程中，工业软件的生态系统至关重要。工业软件覆盖了从设计、仿真、生产到管理的全流程，能够提升制造过程的智能化水平。首先，需要发展自主可控的工业软件，特别是在CAD、CAE、CAM等方面，减少对国外软件的依赖。其次，构建开放的工业软件平台，促进软件之间的互操作性和集成能力。通过开放平台，企业可以灵活选择和组合不同的软件工具，提升生产效率和产品质量。最后，工业软件的开发和应用还需注重安全性，防范网络攻击和数据泄露，确保制造系统的稳定运行。

2. 技术整合与协同创新

大数据平台是实现智能制造的重要基础。建设大数据平台，整合不同来源的数据，可以实现数据的统一存储、管理和分析，为智能决策和精准制造提供有力支持。首先，需建立统一的数据采集标准，确保各类设备和系统的数据能够无缝接入大数据平台。其次，开发高效的数据存储和处理技术，以应对海量数据的存储和快速处理需求。通过数据湖和数据仓库等技术，企业可以高效管理和分析生产数据。最后，应用大数据分析技术，如机器学习和深度学习，挖掘数据中的潜在价值，为生产优化、故障预测和质量控制提供决策支持。

人工智能技术与先进制造技术的深度融合，是制造业未来发展的重要方向。首先，结合人工智能和自动化技术，打造智能化生产线，实现生产过程的自动化、智能化和柔性化。例如，通过机器人完成焊接、装配、搬运等重复性高的工作，提高生产效率和精度。通过人工智能算法优化生产线的调度和控制，构建柔性制造系统，从而能够快速响应市场需求的变化，进行小批量、多品种的生产。其次，通过人工智能技术分析设备运行数据，实现设备的预测性维护，降低设备故障率和维护成本。例如，通过安装传感器，实时采集设备的运行数据，如振动、温度、压力等参数，利用人工智能算法分析设备的健康状态。最后，人工智能技术还可以与增材制造（3D打印）、柔性制造等先进制造技术相结合，实现个性化定制和快速响应市场需求。

（二）组织层面

1. 组织结构变革与人才培养

跨学科团队建设是推动技术创新和管理创新的重要方式。首先，组建由工程师、数据科学家、IT专家等多学科人才组成的团队，开展跨学科项目，鼓励员工参与跨部门的创新活动，如黑客马拉松、创新竞赛等。其次，应注重协同工作和跨部门合作，打破传统的组织边界，实现技术和业务的深度融合。通过跨学科团队，企业可以在技术研发、产品设计和生产管理等方面实现协同创新，提升整体创新能力。最后，推行远程办公和弹性工作时间，给予员工更多的工作自由度，采用项目制管理，根据项目需求组建临时团队，打破部门壁垒。

数字化人才培训是制造企业转型创新发展的关键。首先，企业应建立完善的培训体系，根据企业发展战略和业务需求，制订具体的培训目标和计划。通过系统的培训，提高员工在大数据分析、人工智能和智能制造等领域的知识和技能，并建立培训效果评估机制，通过测试、问卷调查等方式，了解培训效果，并根据反馈持续改进培训内容和方法。其次，数字经济时代应探索多样化的培训方式，组织面对面的培训课程和工作坊，提供实战演练和经验分享的机会。最后，要建立企业内部的学习社区，促进员工之间的知识分享和协作，并设立学

习奖励机制，激励员工积极参与培训和学习活动，提升整体培训效果。

2. 企业数字素养

企业文化是推动"未来制造"转型创新发展的重要软实力。首先，企业应鼓励员工大胆尝试新技术和新方法，允许一定范围内的失败，鼓励员工积极参与数字化转型，激发创新思维和创造力。其次，企业应重视知识分享和团队合作，建立内部知识管理系统，促进经验和知识的共享和传承。最后，推动全员塑造数据文化，强调数据在决策中的重要性，培养员工的数据分析和应用能力。

数字化思维是企业领导层和管理层推动"未来制造"转型创新发展的核心理念。首先，企业高层领导要亲自参与数字化转型，理解和重视数字化转型的重要性，将数字化理念融入企业战略和日常管理。其次，企业管理层应重视数据驱动的决策方式，通过数据分析和洞察，制定科学合理的决策，提高企业的决策效率和精准度。最后，建立科学的绩效考核和激励机制，将员工的创新成果和数字化应用成效纳入考核指标，通过公平和透明的绩效考核，激发员工的工作积极性和创造力。

（三）政策层面

1. 政府政策与法规支持

数据共享机制是推动"未来制造"产业链协同和创新的重要基础。首先，政府应制定和实施数据共享相关的政策和法规，明确数据开放的范围、标准和责任，保障数据的合法、合规使用。其次，建立国家级或地区级的数据开放平台，

集中发布公共数据和企业共享数据，为企业和研究机构提供便利的访问渠道，推动数据驱动的创新和发展。

网络安全和隐私保护是"未来制造"转型创新发展的重要问题。首先，政府应制定和实施网络安全和隐私保护相关的法律法规，明确各方在网络安全方面的责任和义务，确保在数字化转型过程中，企业的数据安全和用户隐私得到有效保障。其次，企业应建立健全的网络安全管理体系，包括网络安全标准、应急预案、责任追究等内容，保障网络安全的整体水平，并建立专门的网络安全监管机构，负责监督和管理企业和机构的网络安全工作。

2. 产业链协同与政策引导

技术标准化和规范化是推动"未来制造"转型创新发展的重要手段。首先，政府应牵头制定和推广智能制造的技术标准和行业规范，确保不同企业和系统之间的兼容性和互操作性。通过标准化工作，促进技术的推广应用和产业的协同发展。其次，企业应积极参与标准制定工作，结合自身实践经验，提出有针对性的技术规范和标准建议。最后，政府应支持标准化和规范化的实施，提供政策和资金支持，推动标准的落地和应用。

链长制政策是提升"未来制造"产业链协同效率的重要机制。首先，政府应明确重点产业链的"链长"单位，统筹协调上下游企业的协同发展，推动技术创新和资源共享，解决产业链发展中的共性问题。其次，政府应搭建产业链协同的在线平台，提供信息交流、技术对接、供需匹配等服务。◆

【参考文献】

［1］ 任保平,豆渊博.数据、算力和算法结合反映新质生产力的数字化发展水准[J].浙江工商大学学报,2024(3):91-100.

［2］ 郭磊,张红旗,程五四,等.基于数据驱动的数字孪生技术研究现状与展望[J].机械,2023,50(7):1-10.

［3］ 范帅,相茂利,张恩亮.数字孪生技术在智能制造领域中的应用[J].造纸装备及材料,2024,53(4):86-88.

［4］ 中国电子技术标准化研究院,树银互联技术有限公司.数字孪生应用白皮书(2020版)[R].中国电子技术标准化研究院,2020.

［5］ Digital Twin Market Size, Share, and Trends[EB/OL].(2023-06-15)[2024-07-01].https://www.marketsandmarkets.com/Market-Reports/digital-twin-market-225269522.html.

［6］ 中国信息通信研究院,中国互联网协会,中国通信标准化协会.数字孪生城市白皮书(2023年)[R].中国信息通信研究院,2023.

［7］ 赵瑶瑶.数字孪生技术在工业制造中的应用研究综述[J].中国设备工程,2024(3):33-35.

［8］ 赵兰欣,李冰.柔性制造系统在机械制造中的应用与发展趋势[J].造纸装备及材料,2024,53(4):83-85.

［9］ 王树青,罗和平.基于HMC63H卧式加工中心的阀体柔性制造单元研制[J].组合机床与自动化加工技术,2022(5):168-169+173.

［10］ 冯昊天,王红军,常城,等.基于数字孪生的柔性生产线状态感知[J].电子测量与仪器学报,2021,35(2):17-24.

［11］ 段炳德,胡豫陇.充分发挥"算法+"在推动数实融合中的关键作用[J].重庆理工大学学报(社会科学),2023,37(12):1-6.

【作者介绍】

　　史占中,上海交通大学安泰经济与管理学院教授、博士生导师,上海交通大学行业研究院"人工智能+"行业研究团队负责人、上海交通大学产业经济研究中心主任。曾任上海交通大学先进产业技术研究院副院长,兼任中国科学学与科技政策研究会常务理事、《中国科技论坛》编委等。

　　研究方向为数字经济、绿色经济、战略管理等。近年来在国内外核心期刊上发表论文累计90余篇,主持完成国家社会科学基金重点重大课题4项、国家及省部级以上课题20余项、企业横向咨询课题30余项,撰写《新产业革命背景下我国产业转型升级研究》《企业战略联盟》等学术著作5部,参编《管理经济学》等MBA教材3部。研究成果《人工智能赋能实体经济发展研究》《中小企业集群化成长与科技园区集约化发展》,得到政府有关决策部门的高度重视,多次荣获上海市决策咨询研究成果奖。

智能化、绿色化驱动制造业范式迁移与能级跃升

山栋明

摘要

随着世界主要经济体进入工业化中后期，智能化、绿色化已成为全球制造业范式迁移与能级跃升的重要方向。当前，我国制造业转型升级还面临"新要素"赋能作用有待激活、"新技术"研发应用有待加强、"新主体"转型动力有待提升、"新平台"基础支撑有待增强等瓶颈问题，迫切需要通过促进数字和绿色技术协同创新、搭建智能工厂网络和产业互联网平台、促进垂类大模型应用、夯实基础设施底座、打造示范标杆场景、深化国际合作交流，进一步推动制造业向智能化、绿色化发展，培育形成新质生产力，加快构建以先进制造业为支撑的现代化产业体系。

关键词

智能化；绿色化；范式迁移

【作者简介】

山栋明　上海市信息投资股份有限公司副总裁。研究方向为数字经济、人工智能、大数据及工业互联网。

一 智能化、绿色化驱动制造业升级的主要趋势

当前，智能化和数字化不仅是全球新一轮工业革命和科技竞争的焦点议题，也正在重塑全球制造业竞争格局。一方面，数字经济成为全球经济新引擎，各国通过制造业智能化发展在新的历史变局中抢占国际竞争中的优势地位；另一方面，"碳达峰、碳中和"成为全球政治认同，绿色低碳技术加速兴起，碳关税等新型贸易壁垒不断增加。在此背景下，全球制造业智能化、绿色化发展主要呈现以下四大方面趋势。

(一) 智能化和绿色化重塑全球制造业竞争格局

近年来，世界各国竞相制定智能化和绿色化发展战略，加快推动传统制造业转型升级，力求在高端制造业和新兴制造业领域构筑新的竞争优势。从国外来看，欧盟《2022年战略展望报告》提出，聚焦"绿色化和数字化双重转型"以应对地缘政治变化，谋求正向溢出效应，实现碳中和与数字化目标；美国高度重视低碳化、智能化齐头并进，在《国家先进制造业战略》中提出加强清洁和可持续生产制造、引领智能制造未来发展等目标。从国内来看，党的二十届三中全会审议通过的《中共中央关于进一步全面深化改革 推进中国式现代化的决定》强调，加快推进新型工业化，培

育壮大先进制造业集群，推动制造业高端化、智能化、绿色化发展。近年来，我国外贸"新三样"出口增长迅速，2023年合计出口额首次突破万亿元大关，其中新能源汽车产销连续9年位居全球第一、光伏组件产量连续16年位居全球首位，全球动力电池装机量市场份额超过60%。[①] 国家层面先后发布《关于加快推动制造业绿色化发展的指导意见》《中共中央 国务院关于加快经济社会发展全面绿色转型的意见》等引领性文件，明确提出加快数字化绿色化协同转型发展；中央网信办、国家发展改革委等五部门联合开展数字化绿色化协同转型发展综合试点。各地也纷纷制定出台相关政策，例如上海发布《上海市推动制造业数字化和绿色化协同转型发展行动方案（2024—2027年）》，北京、安徽、河南等省市也出台了相关政策文件。可以预见，未来世界各国围绕制造业智能化和绿色化在技术创新、生产效率、产品质量和对外贸易等方面的竞争将更趋激烈，并有望重构国际分工格局，我国制造业数字化绿色化转型发展也将进一步深化。

(二) 智能化与绿色化关键技术加速走向融合创新

数字技术和绿色技术从各自平行发展走向协同创新，智能化和绿色化相互赋能、交叉融合，成为制造业转型升级的关键驱动力。一方面，数字技术对制造业绿色赋能不

断深化。数字技术有力促进产品设计、工厂生产、供应链及终端产品回收等绿色化发展。例如，法国达索公司开发的3DEXPERIENCE平台，利用数字孪生技术为企业降低25%的资源浪费；上海电气电站设备有限公司上海汽轮机厂借助上海电气数科"星云智汇"能碳双控平台，每年可节省电费600万元，减排二氧化碳超过6 000吨。同时，数字技术降碳赋能作用日益显著，据中国信息通信研究院预测，到2030年数字技术将助力我国高耗能产业减少碳排放量12%～22%。另一方面，智能和绿色技术加速创新突破。近年来，人工智能能源管理、人工智能储能技术、绿色智能交通、智能清洁发电、高转化率光伏发电、新一代可控核聚变、智能电网等融合技术加速落地，为企业工艺流程改进、技术改造、绿色产品创新提供了新空间。例如，纬景储能在上海杨浦滨江打造的锌铁液流电池储能示范项目"零碳智慧综合能源中心"，被国家能源局列为新型储能试点示范项目，通过集成光伏、智慧能源管控、新型储能、碳足迹分析等技术，为周边设施提供稳定的绿色电力，实现"多能互补"。[②]

(三) 智能化和绿色化赋能供应链整体转型

制造业转型升级正从单个工厂智能化和绿色化改造，向整个供应链的网络化、智能化、绿色化升级转变。一是向网络化拓展。美国

① 央视网.外贸"新三样"、造船业、创新能力……多重优势蕴藏中国经济腾飞巨大力量［EB/OL］.（2024-01-18）［2024-05-18］. https://baijiahao.baidu.com/s?id=1788431264846156502&wfr=spider&for=pc.
② 胡幸阳.新型储能项目落地杨浦滨江［N］.解放日报，2024-06-28（02）.

工业互联网联盟发起智能工厂网络，实现工业市场智能搜索、基于国际标准的工厂间互操作、跨工厂资源共享和产能调度，目前已吸引全球30个国家的91家工厂参与；宝武集团旗下宝信软件基于宝联登xIn3Plat工业互联网平台开展创新双碳应用，链接设备524万台，服务企业用户超过55万家；致景科技的"飞梭智纺"平台已接入全国9 000多家纺织企业、70多万台织机，实现产能与需求精准匹配，将行业织机开机率提升至70%。[①] 二是向智能化演进。上汽集团AI+工业互联网平台通过打造数据湖、大数据计算中台、工业大数据智能中台、工业微服务功能库等，实现供应链库存下降40%，制造成本损失减少5%，生产效率提升3%。2024年7月，上海市经济和信息化委员会等六部门联合印发《关于促进工业服务业赋能产业升级的若干措施》，提出支持在集成电路、汽车等重点产业领域打造数字供应链，对实现全链条改造的数字供应链项目给予资金支持。三是向绿色化转型。越来越多的跨国公司将产品碳足迹纳入可持续供应链管理要求，西门子推出用于产品碳足迹信息记录、精准计算、可信共享及查询的解决方案SiGREEN，以实现贯穿供应链全程的碳排放数据可信交换。上海市2024年3月出台《上海市加快建立产品碳足迹管理体系 打造绿色低碳供应链的行动方案》，明确提升产品碳足迹标准计量、数据采集、评价认证和专业服务，拓展产品碳足迹应用场景，打造绿色低碳供应链。

（四）智能化和绿色化驱动企业发展模式升级

当前，全球制造业龙头企业均高度重视通过智能化、绿色化转型发展，提升自身生存能力、盈利能力和可持续发展能力。一方面，环境、社会和治理（ESG）成为企业价值评价重要标准。企业对ESG的认知，正从理念层面加速向运用数字技术和绿色技术，提升智能化和绿色化管理能力的实践转变。据彭博社预测结果，2025年全球ESG资产规模将超过53万亿美元，占资产管理总额的1/3以上。另一方面，企业智能化和绿色化步伐加快。根据世界经济论坛发布的《全球灯塔网络：快速、大规模地采用人工智能》报告，截至2023年12月，全球"灯塔工厂"数量共153家，覆盖汽车制造、化工、食品加工、电子产品制造等诸多领域，其中中国有"灯塔工厂"62家，排名全球第一。例如，特斯拉上海超级工厂作为智能制造标杆和国家级"绿色工厂"，自动化率达到95%，生产过程中90%的废物被回收利用，单车制造中温室气体排放减少30%、用水量减少15%。[②]

综合来看，推动制造业智能化、绿色化发展既是顺应全球技术发展潮流和国际产业体系重塑的必然选择，也是我国推动传统产业转型升级，加快发展新质生产力的必然要求。特别是在西方发达国家密集出台数字产品护照、碳关税等政策之后，数字技术和绿色贸易两方面给我国带来了新的挑战，促使制造业智能化、绿色化发展更加紧迫。

二 我国制造业智能化、绿色化发展面临的瓶颈问题

近年来，我国制造业高端化、智能化、绿色化步伐明显加快，制造业数字化转型持续推进，重点工业企业数字化研发设计工具普及率达80.1%，关键工序数控化率达62.9%；人工智能正深层次赋能新型工业化，培育421家国家智能制造示范工厂；绿色制造加快推进，2021年和2022年规模以上工业单位增加值能耗累计下降6.8%。[③] 但与此同时，也要看到我国在制造业智能化和绿色化发展方面面临不少瓶颈问题：

（一）"新要素"驱动赋能作用有待激活

随着人工智能大模型的快速发展，未来智能制造极有可能发生"范式转移"或"范式迁移"，而数据、算力、算法等新生产要素的支撑作用将更加凸显。从数据要素来看，大部分工业数据处于"睡眠"状

① 光明网.品"质"焕新 发展见"力"［EB/OL］.（2024-03-05）［2024-05-18］. https：//baijiahao.baidu.com/s?id=1792649962090045912&wfr=spider&for=pc.

② 界面新闻.全领域低碳布局，特斯拉"不仅仅是一家汽车企业"［EB/OL］.（2023-06-22）［2024-05-18］. https：//www.jiemian.com/article/9599979.htm.

③ 国务院新闻办网站.国新办举行2024年一季度工业和信息化发展情况新闻发布会［EB/OL］.（2024-04-18）［2024-05-18］. http://www.scio.gov.cn/live/2024/33778/index.html.

态；因设备不互联、通信协议不兼容等问题造成数据不匹配、不互认，数据资源化、产品化、资产化路径尚未有效打通。从算力设施来看，工业元宇宙、生成式人工智能、区块链等广泛应用，蛋白质结构预测、生物医药靶点发现、新能源、新材料等技术创新对算力的需求将呈几何级数增长，而我国高性能算力仍面临较大结构性缺口。从模型算法来看，大模型在工业领域应用还处于起步阶段，支撑垂类模型训练的基础理论、工艺技术、运营管理和行业知识体系尚未构建，大模型赋能制造业的可靠性、稳定性、安全性也有待检验。

（二）"新技术"攻关和应用推广有待加强

面对抢占未来制造发展制高点的目标，我国在数字技术与绿色技术两方面仍有较大短板。一方面，关键技术与国际先进水平仍有差距，高端工业传感、实时数据库、底层大模型训练框架、智能算力芯片等"卡脖子"风险突出；资料显示，在联合国开发计划署研究公布的为达到"双碳"目标所需的62种关键技术中，我国尚有43种核心技术未掌握。[①]另一方面，数字技术赋能工业降碳应用仍需加强，据中国信通院对1 000多个工业互联网应用案例的调查分析，当前数字技术赋能工业节能主要侧重于生产过程控制，占比近64%；而对于运用5G、大数据、人工智能、区块链、工业软件等技术赋能节能降碳，不少

产品和解决方案仍处于实验室研发阶段，如何通过示范应用推动数字技术和绿色技术普惠化的需求较为迫切。

（三）"新主体"转型动力能力有待提升

与大企业自发推进智能化、绿色化转型不同，中小企业转型步伐相对较慢，叠加近年来的经济下行压力，存在"传统路径依赖不想转、市场前景不明不敢转、自身能力不足不会转"等共性问题。一方面，中小企业对智能化和绿色化转型的认知水平和重视程度存在较大差异，尤其缺少既懂数字技术又懂节能减排的复合型人才，系统化运用新理念、新技术、新产品和新工具的水平较低；另一方面，高质量解决方案供应商较为缺乏，部分智能化或绿色化技术服务企业业务相对单一，从单领域设备运维到整体系统托管和全生命周期运维的综合能力不强，面向中小企业的低代码开发平台、基础赋能工具等仍较缺乏。

（四）"新平台"基础支撑能力有待增强

工业互联网与低碳、零碳、负碳技术的深度融合发展成熟度不够，技术系统集成难度大，成本较高。绿电绿证交易市场供需对接不畅，部分企业反映购买绿电缺乏渠道、跨省绿电交易成本较高。碳排放权交易市场活跃度较低，石化、钢铁、有色、造纸、化工、建材等领域暂未被纳入全国碳市场，大量企业和

排放未被纳入履约考核，市场主体缺乏参与碳市场自愿交易的途径。碳足迹核算基础平台有待完善，国外主流碳因子库对我国碳足迹核算不够科学准确，迫切需要建立符合我国国情的重点产品碳排放核算方法和相关数据库，为政府制定行业政策和企业应对碳关税挑战提供支撑。

三 推动我国制造业智能化、绿色化发展的对策建议

推动制造业高端化、智能化、绿色化发展是我国紧紧抓住战略机遇、主动化解风险挑战，不断开创推进新型工业化新局面的必然选择。下一步，我们应当认真学习贯彻党的二十届三中全会精神和习近平总书记关于新质生产力和新型工业化的重要论述，更好推动数字技术和绿色技术对传统产业的全方位、全链条改造，不断增强我国产业链供应链韧性、安全水平和国际竞争力。

（一）实施数字技术和绿色技术协同创新行动

建议实施新一轮的"工业强基"计划，面向数字技术强基，重点聚焦制造业大模型技术的研发与应用，重点突破智能传感器件与终端、高质量工业语料数据、高效率大模型算法、高效能智能算力芯片与算力集群等核心技术。面向制造技术强基，聚焦制造业本身的提质升级，突破重点领域设计工具、先进材料、先进工艺、卓越运营等相关理论与技术研究。面

向绿色基础强基，加快布局"减碳去碳"基础零部件、基础工艺和关键基础材料等研发，推动数字技术与智能电网、绿色材料、碳采集、碳封存、环境污染治理等深度融合。设立科技支撑"双化协同"市级重大专项，采用"揭榜挂帅"等机制引导各类主体参与共性技术研发。

（二）大力发展智能工厂网络和产业互联网平台

支持制造业"链主企业"牵头构建智能工厂网络和行业数据空间，整合供应链上下游企业和生态服务商，牵头组建开放式行业生态联盟，借助工业4.0平台和工业物联网技术，提高资源配置效率和节能减排质效，提升供应链韧性，降低潜在断链风险，增强我国企业全球运营能力。面向制造业智能化、绿色化发展需求，支持产业互联网平台进一步集成数字技术和绿色技术资源，提升研发、采销、仓储等环节的智能化能力和绿色化水平，建设"分领域、全品类、全链路"的产业互联网平台集群，打造"平台运营+制造输出"发展模式。

（三）加快垂类大模型在工业领域的应用

发挥央企和行业龙头企业作用，支持科研院所、上下游企业共同提炼行业工艺技术、运营管理、行业

知识与模型等，打造全国工业机理"语料库"，开展工业大模型研发，助力无人制造、柔性制造、韧性制造、虚拟制造、零碳制造等制造业范式创新。引导和支持人工智能领军企业加强与工业企业合作，通过在实际场景的探索应用，沉淀更多行业know-how（技术诀窍），扩展专业领域数据训练集，加快推动大模型在工业领域的应用落地，为各行各业的技术突破、产品创新、生产变革等提供低成本解决方案。

（四）完善智能化、绿色化基础底座

针对制造业智能化、绿色化对新型基础设施的共性需求，建议统筹推动建设一批赋能未来制造的关键基础设施。在网络基础设施方面，进一步加强5G、TSN（时间敏感网络）、工业PON（无源光网络）、窄带物联网（NB—IOT）等新型网络技术应用；在算力基础设施方面，统筹推动基础算力、人工智能算力、超算算力等枢纽体系建设，加强区域算力调度；在数据基础设施方面，统筹建设国家工业大数据平台，依托国家工业基础大数据库，研制产业链图谱和供应链地图，支撑产业监测分析，赋能企业创新发展，提升行业安全运行水平；在碳计量基础设施方面，加快研究制定统一规范的碳排放计量标准，建设国家产品碳因子库，打造产品碳

足迹公共服务平台，引导重点领域企业开展产品碳足迹评价。

（五）支持示范标杆场景复制推广

加强典型案例和标杆场景的示范推广，是放大制造业智能化、绿色化转型规模效应，提升政策效能的重要举措。建议行业主管部门等定期征集各地利用数字技术和绿色技术对传统产业进行全方位、全链条改造的典型做法和解决方案，选取一批标杆智能工厂打造成为未来制造新范式与新技术应用验证的实验场，形成"链式"转型的可复制、可推广经验，因地制宜、循序渐进地予以示范推广，通过"看样学样"引导和推动企业加快智能化、绿色化转型。

（六）深化智能化、绿色化国际合作

依托中国制造在全球产业链中的优势，努力营造智能化、绿色化国际协同和创新生态。支持本土企业打造涵盖研发、制造、供应链、服务等环节的国际协同管理平台，加强跨国研发数据共享，增强企业全球化供应链管理能力。持续深化与国际标准化组织（ISO）、国际电工委员会（IEC）和国际电信联盟（ITU）等交流合作，引导龙头企业、科研院所、行业协会等积极参与智能化、绿色化重点领域国际标准研制，推动国内外标准化协同发展。◆

【作者介绍】

　　山栋明，博士，上海市信息投资股份有限公司副总裁，上海市信息标准化技术委员会副主任委员，长期从事信息化领域的研究和管理工作，曾参与上海市信息化发展多个五年规划的编制和相关重大课题的研究，以及上海数据交易所和国际数据港等机构工作的顶层设计，在国内核心期刊发表专业文章10多篇，是《上海市推进新一代信息基础设施建设 助力提升城市能级和核心竞争力三年行动计划（2018—2020年）》《推动工业互联网创新升级 实施"工赋上海"三年行动计划（2020—2022年）》《推进上海经济数字化转型赋能高质量发展行动方案（2021—2023年）》《立足数字经济新赛道推动数据要素产业创新发展行动方案（2023—2025年）》《新型城域物联专网建设导则（2020版）》等文件的主要起草人。

数智化赋能制造业价值重塑的模式与路径

董 明

摘要

　　随着新一代信息技术的发展，制造业发生了很大的变化，在生产工具和管理决策两个维度都出现了革命性的进展，从传统生产工具到智能工具，从经验决策到基于"数据+算法"的决策。基于价值链分析，本文给出了数智化赋能制造业新质生产力提升的四条路径，提出了基于"点-线-面-网"的制造业数字化转型思路，并给出了制造业数字化转型及"点-线-面-网"构建路径。结合智能制造企业实际调研及访谈，本文分别从点、线、面、网四个层面对"灯塔工厂"的用例和最佳实践进行提炼和总结归纳，并给出了相应的管理实践启示。

关键词

数智化赋能；HCPS 2.0；"灯塔工厂"；"点-线-面-网"

【作者简介】

董 明 上海交通大学安泰经济与管理学院教授、博士生导师，上海交通大学行业研究院智能制造行业研究团队负责人。研究方向为物流与供应链管理、运营管理、智能制造系统工程等。

一 数智化赋能新质生产力

（一）技术驱动的生产力发展

人类文明发展的本质是认知（探索发现）和应用（创造发明）——前者是对客观世界的规律认知，后者是对客观世界的主观应用，而生产力则是两者结合的产物。

人类社会经历了石器时代、铁器时代、农业时代、工业时代（机械时代）、数字时代（人工智能时代），每一次革命都实现了生产工具的革命性发展，使人类掌握了对更高水平的能量的运用能力，人类利用工具的技能也越来越强。炼铁与蒸汽机的出现对生产力的放大效应是提高了农耕生产力，使人类脱离了奴隶社会和封建社会；纸张与印刷促生了新的文字印刷技术，使人类脱离了先秦苦涩难懂的文字，迎来了诗歌、散文、小说等文学形式的繁荣；信息通信技术（ICT）及互联网技术实现了廉价的信息存储、传递与处理，智能手机、智能可穿戴、智能工厂……不断涌现。

实践表明，每一次信息技术的进步都会促进制造业出现相应的变革，随着云计算、大数据、物联网、移动互联网等新一代信息技术的发展，信息物理系统、工业互联网、智能制造技术也有着相应的快速进步（见图1）。

（二）智能制造：从工具革命到决策革命

智能制造目前发生了很大的变化，在生产工具和管理决策两个维度都出现了革命性的进展，从传统生产工具到智能生产工具，从经验决策到基于"数据+算法"的决策。

从生产工具维度来说，传统制造业使用的生产工具包括机器人、机

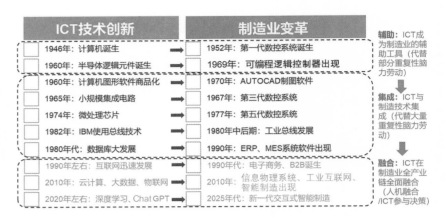

图1　IT的每一次重大创新为制造业带来新的变革

床、自动导向车和各种专业的硬件设备等。而数智化时代，制造业还会用到包括工业互联网、智能传感器、ERP、制造执行系统、各种设备及流程所产生的大数据，云计算、边缘计算、泛在计算等处理数据的算力，以及机理模型、流程模型、人工智能、数字孪生等算法，这些都是新质生产力中的智能工具。

从管理决策维度来说，经验决策将被"数据+算法"的决策所替代。例如，对于需求和市场，我们如何来进行客户画像；对于生产，我们如何选择最优的工艺，如何利用ERP系统、SCM系统实现整个流程的优化和管理等。最终，智能制造会形成基于"IT+OT+AT（信息技术+运营技术+自动化技术）"等各类技术集成的决策机制，并实现从局部决策优化到全局决策优化。

制造模式的发展经历了3个主要阶段：① 基于人-物理系统（HPS）的传统制造模式，人类使用设备（即生产工具）进行生产，生产设备（即物理系统）代替了人类的大量体力劳动（见图2）；② 基于人-信息-物理系统（HCPS）1.0的制造模式，在该模式中，信息系统的

出现帮助人类实现了"学习认知"，通过"感知-分析决策-控制"实现了对人类脑力劳动的部分替代（见图3）；③ 基于HCPS 2.0的新一代智能制造模式，该模式与HCPS 1.0的关键区别在于大数据、工业互联网云平台和人工智能的出现，使得人类的"学习认知"能力产生了质的飞跃，通过"智能感知-智能分析决策-智能控制"实现了对人类脑力劳动的大量替代（见图4）。

互联网及数字化使得人和人之间、人和设备之间、设备和设备之间的交流时间、空间成本大大降低。数字化本身并不直接改变我们的工业，数字化最终实现的，还是人类掌握新型生产工具的水平的提升。智能制造中的决策特点是"人-机共同构成决策主体"。原则上讲，人与机器形成协同的决策是智能制造的目标，但就目前的很多制造企业而言，尚未实现真正意义上的人机协同，如汽车生产线上的人与焊接机器人是分开工作的，主要是担心机器人工作出现的失误可能会伤及人。而未来，智能制造最终会发展为人与机器协同工作及决策。

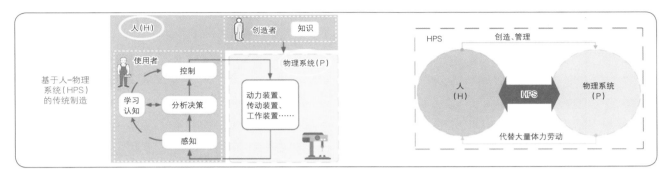

图2　基于HPS的传统制造模式

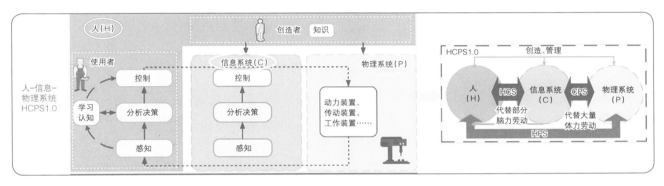

图3　基于HCPS 1.0的制造模式

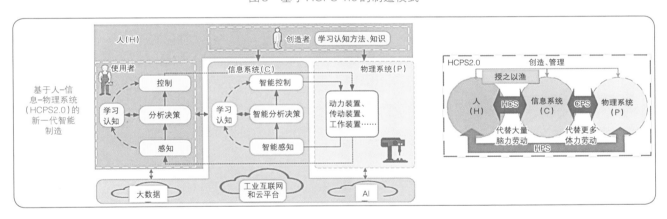

图4　基于HCPS 2.0的新一代智能制造模式

（三）基于价值链的智能制造新质生产力提升路径

微笑曲线诠释了工业化生产模式中的产业分工问题，将一条产业链分为若干个区间，即产品研发与设计、零部件生产、模块零部件生产、装配、品牌销售、售后服务等。其中，微笑曲线两端（研发、品牌营销）的附加值高，而中间的生产加工、装配的附加值低。

基于价值链分析，数智化赋能制造业的新质生产力提升路径有以下4条。

1.基于过程（工艺过程、业务流程）升级的生产力提升路径

通过生产流程或业务环节的重组或先进技术的引进，提升生产或业务环节的效率，降低成本（见图5）。基于过程升级的传统生产力提升路径包括：传统的降本增效方法，如流程优化和成本控制、精益管理（通过消除浪费对业务流程进行重组），进而提升企业流程及资源管理方面的生产力。而基于过程升级的新质生产力提升路径则是指通过数智化手段对制造企业的"人、机、料、法、环"进行赋能，如数字化精益、智能排产、数字化制造、数字化设备维护和数字化质量管理。一个实例是宝钢的数

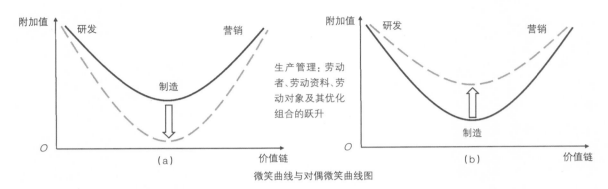

微笑曲线与对偶微笑曲线图

图5 基于过程(工艺过程、业务流程)升级的生产力提升路径

字化制造系统,可以根据客户订单自动计算出需要生产的钢板类型和数量,钢板生产好以后送到剪切中心,根据客户定制要求,又可以自动剪切出符合尺寸的钢板并直接运送到客户处,从而节省了大量的人力物力。

2. 基于产品升级的生产力提升路径

通过改进已有产品或者研发新产品,掌握部分产品核心技术来提升产品的附加值(见图6)。基于产品升级的新质生产力提升路径包括:产品升级换代为附加值更高的产品、"产品+服务"的产品服务系统(PSS)、"硬件+软件"的集成解决方案等。例如,海信集团从原来生产收音机到黑白电视机,再到彩电,目前向着智能终端及系统解决方案进军。比亚迪从原来生产电池到生产电动汽车,产品附加值大幅度提升。

3. 基于功能升级的生产力提升路径

通过向微笑曲线的两端转移,从低附加值环节转向高附加值环节,从而更多地控制战略性价值环节,在品牌设计、营销、服务等功能层面有所突破;也可以称为纵向"产业升级"(见图7)。例如:① 从委托加工(OEM)到自主设计与加工(ODM)再到自主品牌生产(OBM)的升级;② 美的通过建设大数据平台"美的开普勒",将用户的购买记录、购买渠道、地域、使用偏好等信息全部标签化,形成完整的用户画像,然后基于用户画像开展精准营销。

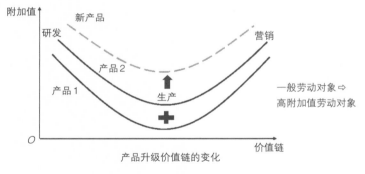

产品升级价值链的变化

图6 基于产品升级的生产力提升路径

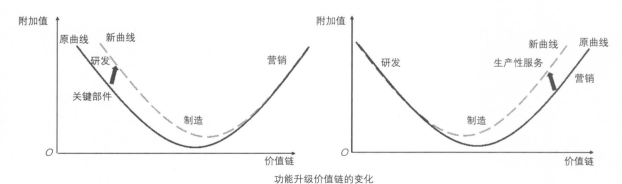

功能升级价值链的变化

图7 基于功能升级的生产力提升路径

4. 基于链条升级的生产力提升路径

通过从一个价值链条转换到另一个新的价值链条的升级方式,企业的根本业务发生了变化;也可以称为横向"产业升级"(见图8)。例如:青岛海尔从传统家电企业朝着制造创客和平台型组织转型,小米从传统生产智能手机向涵盖电子产品、智能家居生态链、电动汽车的全球化移动互联网科技企业转型。

二 制造业数字化转型及"点-线-面-网"构建路径

(一)制造业数字化转型的误区

首先,不能将数字化简单地等同于信息化[如ERP、MES、仓库管理系统(WMS)、TMS等],信息化是数字化发展的前期阶段,是数字化整体范畴的一个子集。数字化技术以"SMACIT"(社会化-social、移动化-mobile、大数据分析-analytics、云计算-cloud、物联网-IoT)为代表,具有实时生成性、可延展性和组合性等特点。另外,许多数字技术涉及更广泛的生态系统和需求,而非只是关注企业内部系统。

其次,不能将数字化转型简单地等同于"先进数字化技术的应用",或简单地认为"先进数字化技术的应用"一定能够帮助企业"降本增效"。数字化转型应该聚焦于构建通过数字化赋能企业的战略目标的能力,而不仅仅是解决局部问题的"数字化解决方案"。制造业数字化转型应该将数字化技术核心与业务层面战略(business-level

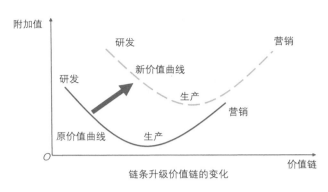

图8　基于链条升级的生产力提升路径

strategies)能力链接起来;而当前企业的数字化转型目标只关注"传统生产力"(效率、成本等方面)的提升,忽略了面向"战略目标能力"的新质生产力的提升!

最后,制造业数字化转型可分为3个方面:技术转型、业务转型和组织转型。其中,技术转型是指各种数字化技术(如机器视觉)的应用;业务转型是指数字化技术要与企业的各种业务流程相融合,来实现不同业务的数字化;而组织转型则是指数字化导致业务流程重组,而业务流程重组会改变相关部门和个体员工的工作量,会形成不可分割的新工作团队,这就打破了原有的业务流程,促使组织架构需要重组和变革。相比而言,组织转型比技术转型和业务转型遇到的阻力更大、挑战更多。

(二)智能制造的"点-线-面-网"构建路径

智能工厂是通过系统集成、数据互通、人机交互、柔性制造及信息分析优化等手段,实现对多个数字化车间的统一管理与协调生产。同时,对车间的各类生产数据进行采集、分析与决策,并将优化信息再次传送到数字化车间,实现车间的精准、柔性、高效、节能生产。

未来数字化工厂是指广泛应用数字孪生、物联网、大数据、人工智能、工业互联网等技术,实现数字化设计、自动化生产、智能化决策、协同化制造、绿色化制造、安全化管控和社会经济效益大幅提升的现代化工厂。

根据不同的阶段,智能制造逐渐从构建基本智能工厂、高度智能工厂发展为构建未来数字化工厂("人-智-机"高度协同)。智能制造的构建路径包括以下4个方面。

1. 智能制造中的"点"

智能制造中的"点":未来数字化工厂中的构成主体(如设备、AGV、仓储货位、人员等),这些"点"提供生产或服务,每个点的类型、功能、自动化程度、能耗不同。

智能制造中的"点"的设计(数字化赋能)包括:① 数据收集能力;② 数据/信息传递;③ "事中"报警、"事先"自适应决策;④ 围绕"人、机、料、法、环"展开数字化赋能(见图9)。

 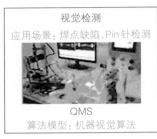  

图9 智能制造中"点"的数智化赋能

2. 智能制造中的"线"

由"点"到"线"：未来数字化工厂中的每个点都是一个加工/服务环节，将这些点连接在一起，形成的生产链就如一条线，目的是为客户设计、生产产品。

生产线（见图10）：根据产品工艺方案，生产线上的每一台设备或制造单元都是一个生产点，这些点连接在一起，就形成一条生产线（原材料⇒加工⇒零部件⇒装配⇒产品），能把原材料变为成品。

线的设计（"连点成线"的机制）包括：① 生产线中的DFX（某环节的设计，design for X）；② 生产线的上下游信息共享；③ 效率（直线流水线/U形单元生产线/推动式生产）；④ 柔性（混线生产、用户拉动的柔性生产链）。

3. 智能制造中的"面"

点⇒线⇒面（工厂）：将各"点"和"线"深度连接，全面打通工厂的物资流、生产流、信息流，实现工厂整体的智能化（见图11）。

"连接"能力：根据不同的场景（如定制化型、平台型、绿色型、网络型等），由"点⇒线⇒面"构建未来数字化工厂。

"面"（工厂）的设计包括：① 互联互通（工序间数据/信息实现互通）；② 全域可视（形成统一的生产运营可视化平台）；③ 集成中控管理平台；④ 数字孪生工厂。

4. 智能制造中的"网"

点⇒线⇒面⇒网：不同的工业互联网平台（云平台、供应商平台、采购平台、研发设计平台等）处在不同的角度、方位，将"点""线""面"进行有机融合，形成具有网络效应的"生态圈"。工业互联网具有明显的"平台"特征，能链接多个未来工厂并打通上下游的产业链。

工业互联网平台上的"点""线""面"能够利用生态圈（即各种平台）所提供的各种信息技术/AI技术与服务能力，不再需要自己花大成本建设，"面"上的"点"之间连接成"线"的效率能够大幅提升（如"点"与"点"的信息共享等）。

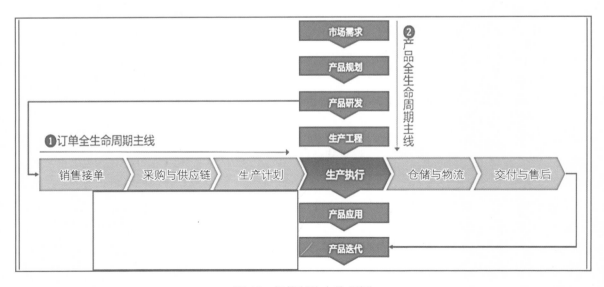

图10 智能制造中的"线"

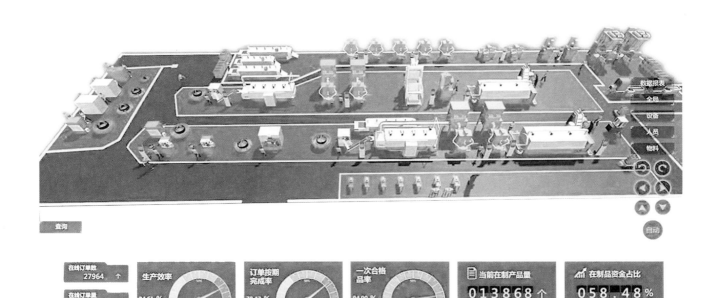

图 11 智能制造中的"面"（工厂）

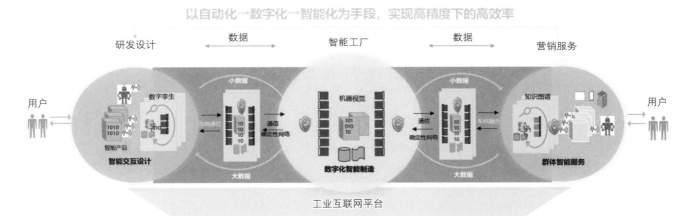

图 12 智能制造中的"网"（工业互联网平台）

三 "灯塔工厂"中的"点-线-面-网"

（一）"灯塔工厂"中的用例

"灯塔工厂"项目由达沃斯世界经济论坛与管理咨询公司麦肯锡合作开展遴选，被誉为"世界上最先进的工厂"，是具有榜样意义的"数字化制造"和"全球化4.0"示范者，代表当今全球制造业领域智能制造和数字化最高水平。截至

2023年12月，全球"灯塔工厂"共有153座，其中中国占62座，占据了近半数份额。

"灯塔工厂"评选有3个方向：卓越"灯塔工厂"个体、端到端价值链、可持续绿色"灯塔工厂"。

（1）卓越"灯塔工厂"个体：比较关注工厂或者车间本身先进技术的应用，以及运营模式的管理。简单来讲就是更关注工厂端先进技术的应用，主要涉及"人、机、料、法、

环"方面的用例。

（2）端到端价值链：不仅关注工厂本身，也会关注从工厂延展出来的上游和下游，主要涉及"采购、研发、供应链、物流、用户"方面的用例。

（3）可持续绿色"灯塔工厂"：在满足先进技术应用及规模化效益的基础上，会更多地关注工厂在可持续性方面的一些技术用例和好的实践（见图13）。

图13 "灯塔工厂"的多样化用例

（二）"灯塔工厂"中的"点-线-面-网"

1. 点

点：以某项业务或某个节点为基础的局部点状数字化实践。制造企业的"点"状的数字化转型可分为"人、机、料、法、环"五个方面，大量制造企业的数字化转型都是从上述五个"点"开始的。

"灯塔工厂"中有两类"点"的数字化应用（见图14）。

（1）通用的数字化技术（如机器视觉用于质量检验、数字精益工具等）在不同"点"的应用。该应用可借鉴程度高，对业务流程熟悉程度的要求不高。

（2）基于设备、工件等特定物理特征的定制数字化技术（如无锡博世汽车"灯塔工厂"用于跟踪工件的Fingerprint技术，美的通过对设备能耗的监控来优先使用能耗低的机台）在不同"点"的应用。该应用特定程度高，对业务流程熟悉程度的要求很高。

管理实践启示："点"的数字化又可称为"功能点/模块数字化"，实施相对容易、可多点并行，但往往只是局部的赋能，无法解决企业信息孤岛的问题。"点状突破"是企业数字化转型的基础，但单单依靠"点状突破"，不能实现规模效应的话，终究是无法实现企业数字化的整体转型的。那么，对于"点"的突破，如何找到数字化转型的关键节点？数字化实践中存在如下三类节点。

图14 "灯塔工厂"数字化转型的"点"

第一，"瓶颈"节点：如质量管理、设备维护等，实践中不少制造企业在这两方面的瓶颈影响了企业的发展。

第二，"高价值"节点：指那些实施数字化转型后能够给企业带来大的经济收益的节点，如数字化产品研发。

第三，"强地位"节点：指那些能够带动整体业务流程的节点，如数字化精益，其实施后的影响面大。

2. 线

点状突破、连点成线："线的数字化"是在某些业务条线/业务领域的整体数字化，"线"状的数字化往往又称为"端到端的数字化"。制造企业的"线"状的数字化转型可分为"产品链、资产链、价值链"三个方面（见图15）。

"灯塔工厂"中有三类"线"的数字化应用。

1）"产品链"：产品全生命周期的数字化管理

（1）产品研发：大数据/人工智能赋能的产品设计、基于数字孪生的产品设计。

（2）设计周期：3D打印用于快速样品设计、虚拟现实支持样品设计。

（3）产品测试：基于数字孪生的设计测试、测试自动化、实施产品全生命周期数字线程。

2）"资产链"：资产设备的智能运维

（1）单一设备：基于传感器数据的预见性维护数据整合，使用增强现实来进行远程支持。

（2）运维平台：用于Root Cause波动识别的高阶分析平台、机器报警集成（实现报警的优先级判定和原因分析来支持问题解决）。

（3）综合管理：通过传感器分析实现设备预防性维护操作的成本优化。

3）"价值链"：数字化供应链管理

（1）供应商连接性：包括数字供应商绩效管理，供应商和材料质量跟踪，与设备供应商进行联合数据分析来实现流程优化等。

（2）客户连接性：如大规模定制和B2C在线订购，通过终端用户界面来配置和订购产品，射频识别（RFID）技术支持的客户分析，客户系统的数字孪生等。

（3）上下游打通整合：供应链上下游可视化，实时产销协同（S&OP），需求预测，基于大数据优化的多工厂产能分配和分销布局等。

（4）订单快速交付：包括物流中的数字跟踪和追溯，数字化拣货和运输，数字物流控制中心，基于实时信息共享的运输计划制订等。

3. 面

"面"：将各"点"和"线"深度连接，全面打通企业的物流、资金流、业务流、信息流等，实现企业整体的数字化。

（1）"面"具有明显的"平台"特征和广泛的"连接"能力，是承载和连接各个"点""线"的基础。

（2）工业互联网是"面"的典型代表，工业互联网加速赋能中国企业打造"灯塔工厂"。例如，

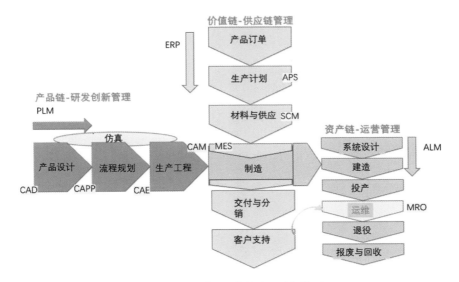

图15 "灯塔工厂"的"三链"模型

卡奥斯工业互联网实现了"灯塔工厂"经验的跨行业复制,卡奥斯COSMOPlat平台已赋能6家工厂入选"灯塔网络":5家海尔互联工厂和1家青岛啤酒厂。

4. 网

"网":由"点"到"线"、聚"线"成"面"、"面"动成"网"。"网"能打通上下游的产业链、构建数字化生态。数字化环境下,企业将更加依赖生态,要么构建一个生态,要么加入一个生态。

"灯塔工厂"中有三类"网"的数字化应用:技术生态、组织生态、可持续商业生态(见图16)。

1)技术生态系统

由一系列受技术支持的各种关系(企业间协作)组成,包括数据共享在内的新型协作均建立在数字化基础设施之上。不再单纯地通过专有技术解决方案获取竞争优势,而是通过与供应商、周边行业的合作伙伴及客户交换大量数据来获取竞争优势。例如开放式协作模式,"灯塔工厂"与供应商及其他合作伙伴都展开了这种合作协同。

2)组织生态系统

(1)跨职能的无缝连接:促进了更高效的决策,减少了多余的沟通。"灯塔工厂"改变了"IT与运营各自为政"的旧组织结构,建立了专注于数字化部署的跨职能团队,数据科学家和数据工程师与一线员工密切配合的模式正在出现(如无锡博世的神经网络训练、联想的贝叶斯学习等)。

(2)敏捷工作方式支持持续迭代:三分之二的"灯塔工厂"最常采用的就是敏捷工作方式,这意味着企业能够在"灯塔工厂"实践中快速迭代、持续学习。

(3)组织设计变革:71%的"灯塔工厂"调整了自身的组织设计(打造内部数字学院和能力中心)以更好地进行第四次工业革命转型。例如,通过工业物联网学院提升员工技能;家电制造商阿奇立克(Arcelik)设立了一个新的职位"数字化制造经理(DMM)",旨在将IT与生产整合起来,该经理为工厂经理提供支持,但直接汇报给首席数字官;福特奥特桑利打造了一支人才发展敏捷团队,结合人力资源、生产过程和职业技能培训,帮助员工培养数据利用和创新等第四次工业革命所需的技能。

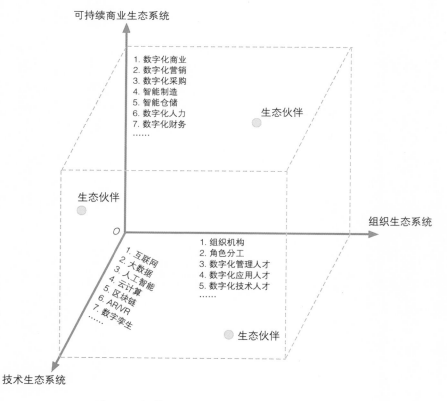

图16 "灯塔工厂"数字化转型的"网":生态体系

3）可持续商业生态系统

端到端"灯塔工厂"的一个关键特点是它们正与价值链的不同利益相关者开展合作，通过重塑客户体验、按需定制产品并共享数据，快速应对需求波动。

（1）MantaMESH（德国弗勒特施泰特）：在高度竞争的大宗商品市场中，成本优势是中小企业参与竞争的关键因素，MantaMESH开发了在线制造商业模式，将客户和自动化订单履行系统对接。

（2）亿滋（中国苏州）：为了实现将中国零售渠道翻两番和将零售门店数量翻一番、达到400万家的目标，以及为了应对劳动力和物流成本上升造成的两位数通胀问题，亿滋将线性供应链转变成一体化的供应生态系统，使得OTIF（on time in full，货物按时按量按质交付）提高了18%，市场份额从23.4%提高至28.3%。

（3）联合利华（巴西因达亚图巴）：它是全球范围内最大的洗衣粉工厂，但成本开支在全球位居第二、温室气体排放量位居第一；该工厂运用数字孪生和人工智能等提升成本优势和运营灵活性，同时最大限度地减少环境足迹，最终将每吨产品的生产成本降低了23%，并减少了温室气体排放量。

四 总结及管理启示

基于价值链的智能制造新质生产力提升模式，本文提出了智能制造的"点-线-面-网"构建路径，对其内涵进行阐释，并通过"灯塔工厂"实践总结了制造企业"点-线-面-网"的成功用例。

随着制造数智化的发展，需要关注供应链上下游"信息共享、利用的程度"及"信息共享的速率"对"制造+服务"混合供应链牛鞭效应及协同的影响。挑战问题是如何实现以"决策"为核心的数智化？本文最后给出一个从传统流程信息化（基于不完全或滞后信息的事后或事中决策的传统决策方式），到以决策为核心的数智化决策（基于即时共享信息的实时或预测性决策的数智化决策方式）框架以供参考（见图17）。◆

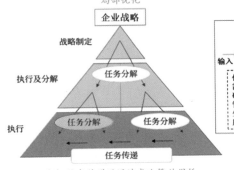
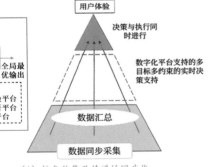

图17 从传统流程信息化到以决策为核心的数字化

【参考文献】

［1］国家制造强国建设战略咨询委员会,中国工程院战略咨询中心.智能制造［M］.北京:电子工业出版社,2016.

［2］周济.智能制造:"中国制造2025"的主攻方向［J］.装备制造与教育,2015,29（3）:13-14.

［3］新一代人工智能引领下的智能制造研究课题组.中国智能制造发展战略研究［J］.中国工程科学,2018,20（4）:1-8.

［4］Kusiak A. Smart manufacturing［J］. International Journal of Production Research, 2018, 56（1-2）:508-517.

［5］乔非,孔维畅,刘敏,等.面向智能制造的智能工厂运营管理［J］.管理世界,2023,39（1）:216-225.

［ 6 ］ 杨善林,王建民,侍乐媛,等.新一代信息技术环境下高端装备智能制造工程管理理论与方法［J］.管理世界,2023,39（1）:177-190.

［ 7 ］ 裴军,周娅,彭张林,等.高端装备智能制造创新运作:从平台型企业到平台型供应链［J］.管理世界,2023,39（1）:226-240.

［ 8 ］ 马永开,李仕明,潘景铭.工业互联网之价值共创模式［J］.管理世界,2020,36（8）:211-221.

［ 9 ］ World Economic Forum. Global lighthouse network: insights from the forefront of the fourth industrial revolution［R］. Geneva: WEF, 2019.

［10］ World Economic Forum. Global lighthouse network: shaping the next chapter of the fourth industrial revolution［R］.Geneva:WEF, 2023.

【作者介绍】

董明,上海交通大学安泰经济与管理学院长聘正教授、博士生导师。美国弗吉尼亚理工大学工业与系统工程博士、美国伊利诺伊大学芝加哥分校博士后、美国麻省理工学院高级访问学者。历任上海交通大学运营管理系系主任、安泰经济与管理学院副院长。

主要从事物流与供应链管理、运营管理、制造业及供应链数字化转型等方面的研究,主持国家自然科学基金重点项目、国家社会科学基金重点项目、国家高科技发展计划项目等课题30余项。先后在 *IISE Transactions*、*Transportation Research Part B: Methodological*、*Omega*、*EJOR*、《中国管理科学》、《管理评论》等国内外知名期刊发表学术论文150余篇,2014—2023年连续入选爱思唯尔（Elsevier）"中国高被引学者"榜单,获国际工程资产管理学会Fellow、教育部新世纪优秀人才称号。荣获"中国学位与研究生教育学会研究生教育成果奖"一等奖、国家级高等教育教学成果二等奖等。

数据要素驱动智能制造高质量发展

吴盛楠

摘要

未来，驱动制造业高质量发展的关键是数据，因为它是少有的贯穿了整个价值链的要素，是系统性改善的源泉和推力。首先，本文对数据驱动对智能制造未来发展方向的影响进行了浅析，强调制造业在效率提升、质量提升、成本控制等方面的迫切需求，是工业技术升级和经济全球化背景下的必然要求。其次，文章详细介绍了软硬技术结合的实施路径，以智能制造的典型案例为说明，从"硬"技术的装备支撑到以"软"实力的软件定义制造为核心，强调数据驱动和软件系统在进一步提升智能制造效能中的关键作用。最后，通过三一集团的四个具体实践案例进一步阐述数据驱动智能制造再升级的实际应用场景和实施效果。

关键词

智能制造；数据驱动；软硬技术结合；软件定义制造；全局协同

【作者简介】

吴盛楠 博士，现任三一集团副总裁、商用车智造公司总经理。研究方向为企业数智化转型、数据驱动业务持续改善、精益生产、卓越运营等。

一 引言

三一集团主业是装备制造业，主导产品为：混凝土机械、挖掘机械、起重机械、筑路机械、桩工机械、风电设备、港口机械、石油装备、煤炭装备、装配式建筑PC机械、环卫机械、高空作业机械等全系列产品。目前，三一混凝土机械稳居世界第一品牌；挖掘机械自2020年起连续三年蝉联全球销量冠军，在国内市场已连续十二年全面蝉联销量冠军；大吨位起重机械、履带起重机械、桩工机械、煤炭掘进机械、港口机械稳居中国第一。同时，三一集团正在全面布局光伏、氢能、锂能等新能源赛道。

当前，三一集团在处于"习近平新时代中国特色社会主义思想指引下的中国梦"和"第四次工业革命叠加第三次能源革命"的窗口期这两大旷世机遇的交会点上，正在实施三大战略转型——"全球化、数智化、低碳化"，以成就三一集团更加美好的未来。本文将结合三一集团在制造领域的数智化应用，阐述"数据要素如何驱动智能制造高质量发展"。

根据国家统计局全国人口普查报告，我国15～59岁人口总量逐年下降，2010—2021年约减少为4 500万人。其中劳动人口自2011年起逐年减少，平均每年下降约450万人。根据教育部《全国教育事业发展统计公报》，人口红利迅速消失，同时大学生数量呈增长趋势，10年间年大学生数量增长了近200万人。同时三一集团年用工成本较2011年已近翻倍。

随着我国人口红利的消失，低端劳动密集型产业向东南亚转移。与之相对的，欧美发达国家提出"制造业回归"战略，高端制造业向发达国家回流。据美国商务部经济分析局统计，美国制造业在2021年创造的GDP上涨约2.5万亿美元，占美国经济比例提升至11.15%，增幅明显，制造回归进程加速。

随着工业技术快速升级，基础零部件技术壁垒逐渐消失，产品同质化愈演愈烈，终端售价急剧下降，成本成为企业可持续发展的核心竞争力。工业机器人技术的突飞猛进，致使其应用领域大幅拓宽。2011年仅在焊接与涂装场景有应用，而至2021年，工业机器人已经融入各个领域，不仅限于焊接与涂装，还包括上下料、分拣、冲压、机加、装配。工业机器人的发展不仅体现为技术上的突破，还体现为价格上的下降。常规的焊接机器人由2011年的75万元，下降至2021年的40万/台。一个简单的焊接工作站投资回报周期仅为1.1年。

在第十三届全国人大一次会议"代表通道"上，三一集团董事长梁稳根先生提出："智能制造是中国制造的唯一出路！不翻身，就翻船！"

此后，三一集团大力发展智能制造，通过硬件的升级，使自动化逐步替代低端、重复、简单的人工工作。三一集团为智能制造领域贡献了三座"灯塔工厂"，至此实现了智能制造1.0。与此同时，三一集团意识到另一座金矿并未被有效开采——"数据"！

二 数据驱动智能制造实施路径

（一）"软""硬"结合，赋能智造

施耐德电气提出，深刻揭示智能制造发展内在逻辑和必然趋势的观点是智能制造不仅要有"硬技术"，更要有"软实力"。智能制造发展的核心要素是数据，通过集成先进技术，如自动化设备、传感器、人工智能技术、机器学习、大数据、云计算、机器视觉等，能实现制造过程的自动化和智能化。数据驱动的核心在于数据的收集、预处理、分析、应用。

数据采集：工业数据通常来源于用户行为、材料流转信息或设备运行信息等多个方面，企业一般通过传感器、设备互联和手工输入等方式采集原始数据。

数据预处理：通过数据预处理，进行初步的筛选和转换，去除无效数据和噪声。通过清洗、格式化、提取资料，保证资料的质量和连贯性，然后将处理后的资料存入资料库，保证资料的持久性及存取性。

数据分析与建模：通过对数据的深度挖掘分析，利用统计工具和机器学习框架挖掘潜在的模型和规律，建立分析模型。对于训练好的模型可以通过监控工具实时追踪模型的性能，确保其在实际应用中的精确性和可靠性，例如应用程序编程接口（API）、云服务或边缘计算。

数据应用：数据应用是企业数字化转型和数据赋能的重点，可以驱动业务分析、决策和进行优化，如通过实时推送系统、动态报表等工具实现数据、业务异常、运营状态等内容的可视化展示和应用，便于管理者及时了解公司的运营状态。再结合实际应用反馈不断优化前端的数据采集、后端的模型调优，实现数字与业务双向驱动的循环，最终实现业务的持续改进。

实现运营技术业务数字化的关键环节是设备的互联互通和数据的实时采集。该环节能有效地辅助人员发现过程中的问题，并通过对设备或传感器运行数据的实时采集，增强企业的监控能力和生产效率。此外，通过IT与OT的高度融合，不仅可以更深入地分析和处理数据，还可以实现对优化决策的远程监控、预测预警和支持，全面支持工厂数字化、智能化改造，提升企业整体竞争力。以图1为例，通过树根互联股份有限公司的互联平台，以及IT/OT融合支持，三一集团内部子公司进行了数字化、智能化改造，实现了数据的实时采集和处理，以及OT业务数字化（见图1）。

数据不仅为智能制造系统提供了实时、准确的决策依据，还通过不断优化生产流程，提升生产效率和产品质量。在智能制造及运营过程中，数据主要包括以下几个方面的作用。

辅助决策：通过对市场趋势、消费者行为和竞争对手动态、供应链信息、加工过程信息等价值链环节中各类信息的分析，企业在决策制定上获得了有力支持。

优化运营：通过数据的有效分析，公司可以发现运营中的问题和瓶颈，从而优化生产流程，降低成本，提高资源利用率。

激发创新：通过对用户需求和行为数据的分析，企业可以更好地聚焦用户，开发更符合市场需求、符合客户期望的新产品和服务。

（二）"硬"技术——智能制造的基石

智能制造的"硬"技术主要是指一系列支持智能制造实现的硬件设备和关键技术。作为智能制造基石的硬技术，不仅能够直接提升生产效率和产品质量，而且能够推动生产模式的变革，因此，其重要性不言而喻。"硬"技术包括但不限于物联网技术、大数据、云计算、人工智能技术、机器人技术、高级自动化技术、传感技术、智能传感与检测设备、智能物流和仓储设备与技术等，这些技术使得反应效率、生产效率、质量都得到了很大的提升。

物联网技术：物联网是智能制造的基础设施，通过与5G等技术的深度融合应用，构建智能制造的神经网络，实现生产设备、材料、产品、服务等的互联互通。

自动化产线和智能机器人：它是智能制造的重要执行者，能够在生产线上完成高精度、高重复性的工作，能提高柔韧性和响应速度、降低人工劳动强度、提高生产效率和安全性及产品一致性等。

传感与检测技术：通过引入高精度的传感器、机器视觉等，为制造过程提供实时准确的数据采集能力。

人工智能：在智能制造中，人工智能通过自我学习和优化，辅助人员精准定位问题并提供有效建议。人工智能技术被应用于辅助决策等方面，如预测维护、质量控制、生产调度等。

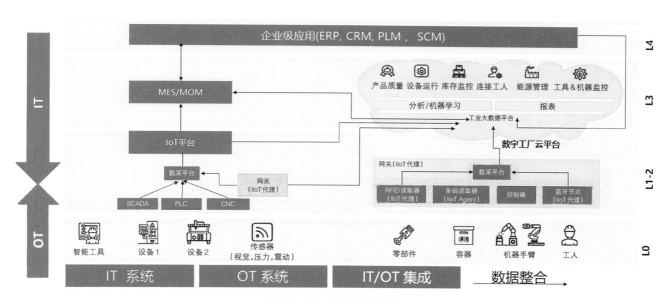

图1　新一代企业IT架构

大数据：大数据将企业内部和外部的信息进行了整合，打破了内部和外部、内部各个部门之间的信息孤岛，实现了信息在企业内部的共享。通过大数据可以增强各环节之间的信息交换能力，提高企业的协调能力；而通过大数据分析，可以对包括生产过程中的潜在问题和价值在内的价值流环节进行深度挖掘，对消费者需求进行预测，对资源进行优化配置。

云计算：云计算为数据存储、处理和分析提供了强大的计算能力，通过由多台服务器组成的"云"网络对海量的数据进行处理、分析和计算，并将最终结果反馈给用户。云计算的优势在于它可以存储和处理比传统服务器更多的数据，并且运行效率更高。同时，所有的智能设备都可以通过无线网络连接到云端，通过这种方式，可以实现工厂的实时孪生。

人机交互：人机交互涉及人类如何与自动化系统进行互动和沟通。在智能制造过程中，机器不仅仅是一个工具，还是一个伙伴和助手。至今仍有许多需要人类操作的机器。人类可以基于机器传递给他们的信息来监控和管理工作流程。同时，机器通过感知人类活动（包括语言、动作，甚至表情等）来收集和分析信息，并最终做出相应的反应。人类与机器以合作的方式完成任务，人机交互的实施需要许多技术领域的支持，比如多模态传感器、智能系统、增强现实等。

（三）"软"实力——软件定义制造，智能制造的灵魂

软件定义制造是近年来在智能制造领域发展起来的一个新概念，它把数据作为驱动生产流程优化的关键要素，使企业能够对生产过程进行更为精准的控制和最优的资源调配，从而获得更强的市场竞争力。企业通过数据应用和创新，使智能制造系统具有更强的生命力。因此，软件定义制造在提高生产效率和质量的同时，也为企业带来了更高的运营效益。

三一集团是以装备数智化为基础，用工业PaaS平台打通制造的"任督二脉"，从智能制造、智能产品和智能运营三个方面实现数据要素的应用落地（见图2）。

数据驱动：在软件定义制造中，数据是举足轻重的核心资产——企业可以通过大量数据的收集、处理和分析来发现潜在问题和机会点，并因此做出有力决策。数据驱动则促使生产流程的透明和可视化，从而使管理人员对实时生产状况做到心中有数，并迅速做出响应。

灵活定制：用软件定义制造的手段来提高生产流程的可灵活定制化和快速调整能力。企业可根据客户的需求和市场变化迅速调整生产计划和资源分配方案，从而满足个性化定制的市场需求，使企业的敏捷交付能力增强，进而在竞争激烈的市场中保持竞争优势。

智能决策：智能决策系统除了可以对数据进行处理外，还可以提供基于数据分析结果的智能决策支持，可能涉及生产计划、库存管理、质量控制、设备维护等多个方面。智能决策系统能帮助企业提高决策的准确性和时效性、提高经营效率和市场竞争力，从而实现对生产过程的持续优化。

跨界融合：企业通过整合先进的运营技术、信息技术、数字技术，实现资源共享、优势互补、协同发展，构建跨领域、跨行业的生态系统。这种跨界融合，既能促进制造业转型升级，又能为其他相关产业注入新的发展动力。

（四）软硬结合的发展之路

以融合"硬"技术和"软"实力为重点的智能制造正逐步走向成熟。"硬"技术、"软"实力两手抓，

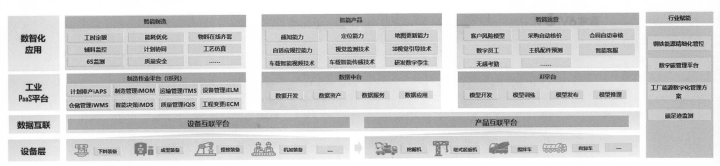

图2　数据要素在三一集团的全景图

"两手都要硬"的发展理念正随着时代的发展而不断得到贯彻与落实。"互联网+""物联网+""大数据+"及因此衍生出来的一系列新兴技术正在不断推动智能制造向纵深方向发展。因此，可以预见以下几个发展趋势：一是由单一向多面发展；二是由局部向统筹发展；三是从传统制造业向智能制造转移；四是以智能化为引领的产业转型升级；五是推动智能制造"互联网+"深度融合。

更加智能的软件系统：今后随着技术的不断发展和创新，软件系统的智能化程度会越来越高。这些系统会不断地自我学习和进化以适应复杂多变的生产环境中的不同场景需求，并能够进行精准有效的决策。企业会通过这些智能系统取得更高的效益，从而不断地进行创新与改进。

更广泛的跨界融合：今后行业间的深度融合将使智能制造系统更具有包容性，不同的行业领域之间的技术和资源会被整合到一起形成一个统一的生态系统，从而实现资源共享、技术共享、优势互补、协同创新等方面的融合，以及协同效应的增强。

更加人性化的用户体验：今后系统的使用者之间的交互方式会更加贴近用户的需要与习惯。系统会针对用户的不同喜好与使用习惯进行个性化定制服务，提供更加快速方便与多样化的服务以满足用户的各种需求。如此人性化的系统设计会促使制造业向服务业拓展，促进制造业与服务业的融合。

"硬"技术与"软"实力的深度融合对于智能制造的发展具有非常重要的意义，但在整个智能化转型的推进过程中仍面临着诸多挑战。

1. 强化数据驱动的文化

数据是智能制造中的核心资产，要想达到"硬"技术与"软"实力的深度融合，企业首先要建立"数据驱动"的文化，即从管理层到一线员工都要认识到数据的重要性，学会用数据来指导决策优化流程。企业本身要培养数据驱动的管理思维，由上至下地加以拉动，同时可结合培训提升员工对数据的重视程度，以及用激励机制配合案例分享等方式，增强员工的数据分析能力。

2. 推行敏捷管理模式

智能制造的目的是使企业在对市场变化的快速响应中达到最优生产状态，通过对生产计划和资源配置进行灵活调整，使企业的运营效率提升。要达到这一目的，企业必须施行敏捷管理模式，打破传统的层级结构，组建跨部门跨职能的协作团队，以加速决策流程并提高执行效率，然后利用先进的项目管理工具和方法，如敏捷开发和精益生产等，对生产流程和供应链管理进行持续优化，使企业达到最优生产状态。

3. 培养复合型人才

人才保障是企业实施智能制造所必须具备的基本要求，企业既要有掌握先进技术的专业人才，又要有具备跨界整合能力、创新思维和团队合作精神的复合型人才，因此，企业要在人才培养方面加大投入，与高校和研究机构建立紧密合作关系，共同培养适应智能制造需求的高素质人才。另外，企业也要重视内部人才的挖掘和培养，以轮岗培训为手段，以职业规划为目的，激发职工的潜能和创造力，从而促进智能制造的实现。

4. 建立智能生态系统

制造仅是智能制造的一个中间环节，智能制造的实现离不开上下游企业的紧密合作和资源共享。因此，企业需要建立一个开放、协同的智能生态系统，在系统中做到"企业—供应商—客户"这一链条的高效合作，共同推动智能制造生态系统的发展。各制造企业通过共享资源、共同研发和创新商业模式等方式，实现整个生态系统的共赢发展。在这个过程中，"硬"技术与"软"实力的深度融合将成为推动生态系统发展的重要动力。

三　数据驱动智能制造实践案例

2020年，一场突如其来的"疫情"让中国的制造企业接受了一次"抗震测试"，暴露出经营管理、研发管理等多方面的问题，在经历过人员不足、原材料短缺、复工复产缓慢等困境，看到了数字化基础较好的企业"转危为机"之后，决策者们开始重新审视数字化转型对企业的价值与意义，并且用实际行动加速企业数字化转型的进程，数字化转型已经成为中国制造企业发展的"大势"。

工程机械行业是一个高度的离散型制造行业，其制造模式分散且独立，需要大量的人力、物力予以配合，才能完成产品的生产制造。随着人工成本的提高，工程机械行业的深度发展，这种制造模式已不能满足企业高质量的发展需求。为破解这一困局，三一集团积极借助先进机器人、计算机技术，实施"灯塔工厂"建设，提升设备生产制造能力，从而充分应对工程机械行业多品种、高效率、高质量、低成本方面的压力与挑战。

三一集团在40余家工厂中同时部署了人工智能、工业物联网和自动化用例。以长沙工厂为例，长沙工厂充分利用柔性自动化生产、人工智能和规模化的物联网解决方案，结合人工智能驱动的过程控制、应用于流程优化的高阶工业物联网、柔性生产数字孪生、机器人技术促进物流运营等几个用例，建立了一个数字化柔性的重型设备制造系统。最终，工厂产能翻倍，过程周期下降了一半。

三一集团通过智能传感器、自动识别系统、工业机器人、数控机床等智能装备，利用物流系统、检测系统、工业软件、工业云平台之间的数据共享和互联互通，并结合AI算法等前沿技术，在下料成型、机械加工、焊接、涂装、装配、调试、物流等环节实现了智能化的生产及运营。

（一）基于人工智能算法的智能套料系统

下料成型工艺作为制造业中的一项关键环节，直接影响产品质量、生产效率和成本。然而，现实中仍存在一系列问题和挑战，如材料在排版和切割过程中产生大量废料，材料利用率低；手动或简单算法排版难以达到最优排版效果，出现小件排版不合理或大件无法充分利用边缘区域的情况。

通过开发基于人工智能算法的智能套料系统，以实现从订单到齐套下料的无接触全自动流转流程，再结合自适应机器人实现自主协作与柔性分拣。

（二）基于深度学习的焊接质量检测技术

焊缝外观的自动检测技术：采用基于可变形卷积的一阶段快速目标检测算法和基于自注意力机制的语义分割算法级联，利用深度学习技术，通过训练素材教会机器判读焊缝外观的缺陷位置与类别。这样机器通过持续学习和优化，不断提高准确率，从而达到高检出率低误检率的识别效果。

焊缝过程检测技术：以焊接作业过程中的多种数据信息为基础，建立基于焊接熔池图像—声音信息的采集系统，对焊接过程中信息的关键特征进行提取与分析，形成焊接过程—焊后质量数据库，并结合监测系统实现对焊接过程及质量的实时监控、追溯及预警。

（三）基于全局协同的厂内物流系统

随着现代制造规模的扩大，管理难度的上升，传统的仓储管理方式迫切需要向信息化、智能化、高效化、自动化、合理化的管理方式过渡。提高仓储管理的服务质量、降低成本、改善效率将会是企业的主流发展方向。工厂全局协同的物流面临如下问题：

一是传统的人工物流管理模式效率低下，人力成本高昂，且容易出错，难以满足企业快速发展的需求。

二是生产过程中的信息流不畅通，各部门之间的信息交互存在障碍，导致生产进度难以把控，影响了企业的生产效率和产品质量。

三是缺乏对生产过程的实时监控和数据记录，导致生产过程的管理和控制不够精确和及时。

针对重型商用车整车、零部件生产过程中部件、物流、配件的问题，公司设计并建立了多层、多巷道、多机协同的自动化智能物流系统。

（1）整体：采用精益生产的"一个流"的物流设计理念。工厂采用自动导引车、输送线、设备管理系统等，把各个工序及产线衔接起来，形成整个工厂的"一个流"生产。通过将仓储管理系统与思爱普、制造运营管理系统、仓储控制系统、机器人控制系统等管理系统信息交互集成，形成以仓储管理系统和管理系统平台集中协同管控为核心的数字物流系统。引入自动化物料存储系统及智能投料系统，对上联通制造运营管理系统、仓储管理系统等业务管理系统，对下打通生产线、自动导引车、自动立体仓库及生产线可编辑逻辑控制器（PLC）等智能硬件，全流程管控各种物料的位置信息、状态信息、数量信息、使用信息等。根据生产线边库存的存量及配送路线拥堵情况的实时数据进行推算，实现冲压件→立库→焊接岛的自动化存储与精准配送。

（2）"5G+"工业互联网：网络建设充分考虑智能化需求，除基于无线接入点（AP）组建了基础无线网络外，还建设了5G专网，为所有异构设备（自动导引车、机器人、加工过程监控装置、物流信息采集系统、零件质量测量机、立体仓库及生产管理和物流系统等）提供高性价比的大带宽、低时延、万物互联的5G服务（见图3）。

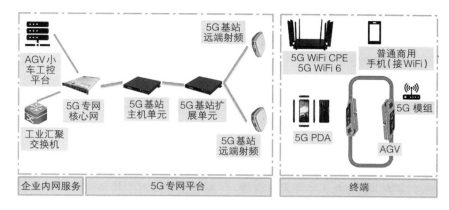

图3 "5G+"工业互联网应用

（3）厂内物流运营监控：通过打通制造运营管理系统与仓储管理系统的数据壁垒，实现外购物料全流程在线、自制物料生产加工信息在线（冲压、焊装、涂装、总装及半成本、线边缓存区信息）。并结合物流监控系统和智能调度系统，实现对物流运营过程中的机型监控、预警及调度。

（四）基于大数据的生产及运营监控

生产监控通过查看报表、看板等方式对生产进度、质量、设备使用状态、能源等进行多维度监控。以生产指挥中心为例，通过对生产过程中数据的分析与预测，为生产、工艺和质量改善提供支撑，快速发现问题，并基于问题快速分配任务，以提高管理决策效率。

制造决策机器化，就是指要用机器辅助乃至取代人进行决策。实现智能制造决策机器化，就必然要有自感知、自分析的能力，并在复杂的制造场景中做到自适应，在不断反馈中形成闭环，在螺旋演进中实现智能决策。"三现四表互联"，以及由此开发的应用则为机器自决策分别提供了自感知和自分析的能力。

"三现"指的是现场、现实、现物，"三现"的理念是一切从实际出发，针对现场的实际情况，采取切实的对策解决。数字化时代的"三现"，可以不再依赖人到现场去调查事情的前因后果，更多的是借助多种传感器来感知现场情况，探明现实数据，发现现物的变迁过程，然后利用人工智能技术将感知的现场数据加以识别和分析，找出过去、现在的规律，预测未来的趋势，由此看来，"三现"为自感知提供了得天独厚的条件。

四表管理是指采用自动化、信息化技术和集中管理模式，对三一集团的能源采购、输配和消耗环节实行集中扁平化的动态监控和数据化管理，监测电、水、燃气、柴油、液压油及压缩空气等各类能源的消耗情况，通过数据分析、挖掘和趋势分析，对各种能源需求及用能情况、能源质量、产品能源单耗、各工序能耗等进行统计、分析和预测，从而为集团加强能源管理、提高能源利用效率、挖掘节能潜力、进行节能评估提供基础数据和支持。

四表能源管理系统是指对整个三一集团的水、电、油、气进行统一管理，系统主要包括四表边缘计算、四表档案库管理、四表能源图谱在线、四表能源分析、峰平谷节能分析（见图4）。

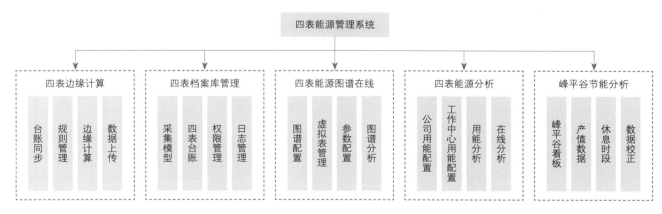

图4 四表能源业务架构

四　总结

数据作为智能制造的神经中枢，是驱动企业实现高质量发展、突破自身瓶颈的核心手段。数据驱动日益成为企业效率提升、成本控制、质量保证的关键利器。作为未来智能制造的主导路径，数据驱动不仅实现了生产过程的智能优化和精准管控，还在虚实融合、柔性制造和全局协同等多方面表现出深远影响。

在推进智能制造过程中，要以现实需求为出发点，推动"软硬"的有机融合，避免偏科发展。这种"软硬"结合的智能制造，代表了未来制造业转型升级的方向，也为企业在复杂多变的市场环境中提供了强劲动力。

同时，不仅应注重企业的数字化素养及数据驱动文化的培养，还要导入及培养具有跨界整合能力、创新思维和团队合作精神的复合型人才，搭建智能生态系统，实现与上下游的供应商、客户的紧密融合，打破传统的管理层级结构，推行敏捷管理模式，实现高效的跨公司、跨部门、跨职能的数智化协作，推动智能制造生态系统向更广泛的全价值链优化迈进。

综上所述，数据驱动正引领制造业走向智能化、数字化的深度变革。在未来，这一趋势将更加凸显，企业需要深度挖掘数据的价值，构建从数据到决策的闭环系统，推动制造业迎接智能制造新时代。通过这一路径，制造业将不仅实现效率、成本和质量的全面提升，更将在全球竞争中占据制高点，迈向高质量发展的新境界。◇

【作者介绍】

吴盛楠，现任三一集团副总裁、商用车智造公司总经理。本科毕业于清华大学，后在美国匹兹堡大学攻读工业工程与运筹学、人工智能方向专业并获得博士学位，同时取得中欧国际工商学院EMBA学位。工程师出身，数字化转型专家，善于用流程数智化的精益管理方法和商业模式创新为企业构建核心竞争力。在中美两国服务过多家世界500强公司，涉及供应链管理、智能制造、智慧物流、金融科技等行业领域，从C端的消费互联网贯穿到B端的产业互联网，在产品建设、技术商业化和管理咨询等方面积累了丰富经验，曾带队开发出国际标杆级产品并多次获得国家级、省市级荣誉和奖励，颇具行业影响力。加入三一集团后，主导集团智能制造体系再升级的工作，目前负责商用车公司的全面经营管理，以技术思维和流程治理驱动管理变革。

第二篇

匠心传承·行业对话

　　本栏目为新开设栏目，邀请到多位资深业内管理高层与上海交通大学安泰经济与管理学院的教授就当前制造业的热点问题展开深度对话，旨在通过面对面交流，挖掘行业背后的深层逻辑与创新思考。

　　本栏目邀请到博世（中国）投资有限公司原总裁陈玉东，蔚来制造物流运营高级副总裁纪华强，西门子工业软件高级副总裁戚锋，慕思健康睡眠股份有限公司副董事长、总裁姚吉庆与上海交通大学安泰经济与管理学院院长陈方若教授，上海交通大学行业研究院副院长陈宏民教授等进行对话，就中国汽车产业如何更好地融入全球化市场、引领未来汽车产业发展，蔚来的定位、理念、技术与管理思考，工业软件如何赋能制造业效率与创新，智能制造在智慧睡眠领域的创新应用等问题展开探讨。每一篇采访都凝聚了行业精英与学术权威的智慧碰撞，为读者呈现了一场场思维盛宴。

智能化与电气化趋势下的整零
关系重构和供应链重塑

采访嘉宾: 陈玉东　执笔: 谢　天

摘要

　　汽车产业是国民经济的战略性支柱产业, 是新一轮科技革命和产业变革的重要载体, 当前汽车产业正面临着以智能化和电动化为标志的颠覆性产业转型, 中国首次走在全球汽车产业技术升级的前列, 面临着全新产业生态格局和供应链结构下的诸多机遇与挑战。作为深耕中国市场的德国汽车零部件公司, 博世深度参与了中德汽车产业多年合作历程, 当前正积极加快本土研发、开放合作、投资科技企业、面向未来的产业生态打造, 助力中德汽车产业实现合作共赢。

　　笔者采访了博世(中国)投资有限公司原总裁陈玉东, 希望从汽车产业视角, 尤其是零部件生产商视角, 探讨中国汽车产业应如何通过产业链重构、产业结构升级、产业生态构建来顺应当前智能化、电气化的发展潮流, 从而更好地融入全球化市场, 引领未来汽车产业发展, 为全球汽车产业转型发展探索中国实践、贡献中国力量。

关键词

整零关系; 供应链重构; 产业转型升级

【作者简介】

陈玉东　博世(中国)投资有限公司原总裁,现任博世集团董事会中国事务顾问。

谢　天　上海交通大学行业研究院研究专员。

一　智能化与电气化：中国汽车产业的未来发展方向

在政策和市场的双重作用下，中国新能源汽车市场持续快速增长。中国汽车工业协会发布的数据显示，2023年中国汽车产销量分别完成3 016.1万辆和3 009.4万辆，与上年同期相比分别增长11.6%和12%，自2009年以来连续15年位居全球产销量第一。其中，新能源汽车产销量分别完成958.7万辆和949.5万辆，同比分别增长35.8%和37.9%，市场占有率达到31.6%。分驱动形式来看，2023年纯电动汽车销售668.5万辆，同比增长24.6%；插电式混合动力汽车销量280.4万辆，同比增长84.7%；燃料电池汽车销售0.6万辆，同比增长72%（见表1）。

随着产业链供应链体系不断夯实，电动化、智能化、网联化技术创新和商业模式创新加速，设计和制造品质加快提升；品牌上取得新进展，中国品牌乘用车销量已经超过合资品牌，2023年累计销售1 459.6万辆，同比增长24.1%，年度市场份额达到56%。其中，新能源汽车占比已超过50%，新能源汽车的组合辅助驾驶技术搭载率已超过50%，电气化和智能化已成为汽车产业不可回避的发展方向，亦是中国汽车产业寻求实现全球引领地位的最佳突破点。

汽车的智能化是指通过复杂的算法和传感器技术，增强汽车的自主决策和操作能力，涵盖自动驾驶、高级驾驶辅助系统、信息娱乐系统等。网联化指的是车辆通过内置或外部设备，与外部网络及其他车辆、基础设施、行人实现数据交换和通信的能力。智能化决策与网联化通信密不可分、互为支撑，汽车智能需要网联才能真正发挥作用，而网联将使汽车智能水平进一步提升。

在环保考虑、对不可再生能源的依赖减少、电池技术的进步、政府政策支持等因素的推动下，汽车行业正向着更清洁、更可持续的发展方向迈进，即从传统内燃机汽车向电力动力汽车转变。除清洁能源的必然性发展导向外，电动车还具有低维护成本、高运行效率的优势，因此主要汽车制造商和零部件生产商皆积极布局电动车技术，寻求实现续航里程和充电时间的技术突破。

目前电动汽车的动力系统主要为域控制器架构，且需要更复杂的计算控制能力来管理电池组的节能、充电、放电、电量控制，同时车载智能设备需依靠电能供能，因此电能直接驱动的新能源汽车比传统内燃机汽车在能量转化上更具优势，从而成为智能网联技术的适宜载体。与此同时，尽管传统燃油车在发展智能网联上存在先天不足，但同样可以且必须通过电子电器架构升级，向着智能网联汽车的方向实现进化。在电动化与智能化的发展方向下，汽车关键技术范畴更广且彼此交叉呈网状结构，必须形成跨领域、跨产业、跨学科、跨部门的集成创新和前瞻创新，实现诸多领域内关键技术的引领性突破，并将技术创新与产品形态、用户体验、商业模式、应用场景等多维度创新有机结合，形成全面立体的创新体系，才能实现中国汽车行业整体的跨越式提升和转型升级。

作为中国汽车产业30年发展历程的亲历者，陈玉东认为，中国汽车产业转型的促进作用主要来自以下方面：一是国家层面的政策引导，诸如中国汽车工业协会、中国汽车工程协会、中国新能源汽车行业协会等行业组织，"中国电动汽车百人会"等相关活动，以及专业领域的专家学者的学术支持，都由上至下地为产业转型确定了发展方向。二是汽车行业本身的转型需要，从上海将特斯拉引入中国、构建新能源汽车全产业链，到以比亚迪为代表的中国主机厂积极拥抱智能化、电气化的转型趋势，都强有力地推动了中国汽车产业向着以增程式、电气化为主流模式的方向发展。三是中国客户群体消费倾向的变化，中国汽车产业刚起步时，国际品牌具有显著的技术优势、模式优势、品牌优势，因而当时更受消费者青睐，但这一消费偏好在如今出生于20

表1　2023年中国新能源汽车销售量

类别	总销量	新能源汽车	纯电动汽车	插电式混合动力汽车	燃料电池汽车
数量/万辆	3 009.4	949.5	668.5	280.4	0.6
市场占有率/%	100.00	31.60	22.20	9.30	0.02
同比增长率/%	12.0	37.9	24.6	84.7	72.0

世纪80年代至21世纪00年代的年轻消费者中已有所淡化，甚至开始掀起"国潮热"，有意识地追随国内品牌，而国内品牌也依靠自身的努力和进步，在国民心中树立了良好的印象。

在电动化与智能化的发展趋势下，汽车产业发生了多方面的显著变化。陈玉东总结，首先，供应链形态发生变化，即从原本一级、二级、三级的阶梯式供应链转变为主机厂、零部件企业、芯片企业、车辆控制单元（VCU）企业等高度融合、互相交互的网状结构，生态企业可以互为客户，也互为供应商。其次，在这种开放式、交互式的产业生态下，将吸引更多的新进入者，通过引入新业态、新模式、新环境来实现对传统供应能力的提升和迭代。最后，尽管传统机械零件已形成了较高的进入门槛，但自动驾驶、智能座舱、传感、执行、VCU、芯片等增量部件却是在"同一起跑线"，从而为新企业提供了开展公平竞争的机会。基于电动化、智能化时代下更开放、更丰富、更激烈的竞争环境，陈玉东呼吁要尊重市场规律、鼓励自由竞争，将发展前景充分交托给市场，政府主要做好市场规则监督，减少在政策或资金上的扶植力度。

在"软件定义汽车"的推动下，汽车的发展方向由原来的底盘、动力、车身等基于功能属性的划分方式，转变为能源、计算平台、操作系统、执行部件和生态服务。在此情况下，数据融合、控制集成等技术的重要性日益提升，尤其倚赖于新一代电子电气架构的支撑。博世在多年前便已率先提出电子电气架构的演进方向，即从分布式向域控制器，进而向中央计算式架构发展。当前，博世已推出车云一体化系统解决方案，包括中央集中式区域化架构硬件方案，以及面向服务的汽车软件开发平台USP。其中，USP软件开发平台可提供从产品原型设计到车载应用开发，再到车载应用调试验证的一站式解决方案，为开发者提供产品原型设计工具、车载应用开发工具及丰富的组件与服务库，加快智能汽车软件生态建设，加速车载场景下应用软件的开发与落地。而在中间件和工具链方面，博世可提供整车全生命周期的嵌入式软件解决方案，包括开发验证工具、工程咨询及信息安全服务。

为加强对电子电器架构的支持力度、提升产品与技术创新能力，博世于2021年在全球范围内成立了智能驾控事业部，目前全球共有17 000名员工，其中中国有1 200多名员工，研发人员占比超过80%。智能驾控事业部的业务板块主要聚焦以下方面：① 智能驾驶。在辅助驾驶方面，可提供多功能的摄像头、毫米波雷达、超声波传感器等，以及在高阶智驾领域提供全站式智能解决方案。② 智能座舱。基于高通芯片，开发具有强计算功能、丰富拓展性的智能座舱平台，现已陆续量产进入中国市场。③ 智能网联。正全力开发新一代高阶智能驾驶3.0平台，基于先进的域控制器、传感器配置、人工智能融合算法，寻求实现城市道路和高速道路的全覆盖，帮助车企实现高阶自动驾驶车型的量产，此外也在国内外开展了一些车路协同方面的尝试。

而在电气化方面，博世针对商用车市场开发了高效的扁线电机及采用碳化硅技术的多合一控制单元，大扭矩、可靠安全的产品组合可适配于4.5吨到10吨纯电、增程式商用车的平行轴电驱桥。为了满足3.5吨的轻型商用车市场需求，博世推出了全新的电机和多合一控制单元产品组合，更紧凑、质量更轻、设计模块化，都使得整车布置更便捷，可适配于轻型卡车、轻型客车和皮卡等车辆的同轴电驱桥，并且可支持出口车型的需求。针对重型商用车，博世则推出了重型电驱桥产品，可匹配纯电、氢燃料电池或串联混动车型，覆盖重型商用车全应用场景，进一步提升电动车动力总成效率。

二　独立性与平等性：零部件企业在汽车产业链上的核心价值

中汽协数据显示，2023年，中国汽车零部件市场规模达到4.4万亿元，与上一年同期相比增长7%，其中新能源汽车零部件产值为4 476亿元，电气化与智能化主导的供应链结构升级将促进零部件供应体系和市场需求持续扩大。中国汽车零部件亦抓住这一发展良机，持续加强对全球市场的供给能力，2023年出口额达到6 347亿元，与上一年同期相比增长14.9%。在此背景下，汽车主机厂与零部件供应商之间的"整零关系"将再次面临结构性调整。

林季红的研究认为，汽车零部件产业在20世纪90年代进行了相当大的结构调整，设计活动由制造商转移给了供应商，完全职能取代个别零部件供给，制造商更多地参与到其供应商的生产和质量体系的指示当中。同时，汽车零部件制造商通过并购扩大了规模，从而在设计和生产中占有更大份额，并扩大了经营活动的地理范围，亦加强了一级供应商与客户之间的联系。汽车零部件产业的集中度、规模经济及专业化生产水平大幅提高。①

而在当前的智能化趋势下，主机厂与零部件供应商的合作关系持续发生变化。主机厂可以选择采取全栈垂直自研模式（以特斯拉为代表），或是完全依靠第三方的整体化解决方案，或是采取生态共赢的模式。零部件供应商则可能选择专注于电池、自动驾驶芯片、操作系统、传感器等单一的通用型产品，以宁德时代、地平线、英伟达等公司为代表；或是提供整体解决方案，典型代表就是华为的 Huawei Inside 模式，即华为与整车企业开展深度的联合设计、联合开发，从而获取更大的话语权和主导权。博世作为全世界最大的汽车零部件供应商企业，业务覆盖传统汽车零部件、新能源汽车电机架构、智能驾驶与智能座舱等领域，同时与多家主机厂建立合作，因此会依据不同产品条线的不同业务需求，与主机厂建立不同的合作模式，并且电气化与智能化的发展方向将持续推动合作模式的变革。

陈玉东基于他在博世的多年工作经验，总结出汽车零部件企业所应具备的核心能力。一是保持高度的独立性。在汽车产业过去100多年的发展中，始终存在"整零博弈"问题，即汽车产业的零部件生

产应与整车生产一体化，还是应具有较高的市场独立性。在2000年前后的上一轮变革中，行业形成的共识是零部件应当独立于整车生产，整车厂商纷纷将自身的零部件事业部剥离，开设独立的零部件公司，如通用成立了德尔福，福特成立了韦世通等，而以博世为代表的独立零部件生产商也得以迅速发展。基于过去的生产模式，零部件生产独立运营的模式更具竞争力。二是具有足够的研发和交付能力，尤其是稳定的大规模交付能力。陈玉东介绍，在他于博世任职的13年期间，博世共在中国投资了约1 000亿元人民币，主要用于扩充产能。通过持续投资，博世能够更好地应对产量波动，实现稳定交付，从而平等地服务于所有客户，包括主机厂和代加工（OEM）生产商，不因客户规模而存在歧视，从而确保了自身在汽车市场中的独立性和竞争力。

在当前的电气化、智能化浪潮下，汽车产业将再度面临"整零博弈"。不同于以内燃机为核心的传统汽车架构，智能汽车是由软件定义的，全新的电子电气架构要求主机厂能实现控制算法及其他软件功能，要求研发快速迭代、生产敏捷调整。因此，一方面整车厂商会存在外部供应链无法及时响应的顾虑，于是形成了自主研发的倾向，希望有能力主导关键技术相关零部件的研发，即聚焦于电气化、智能化相关零部件的深度研发。另一方面，主机厂很难完整覆盖软件、芯片、能源、通信等所有零部件环节，亦难以及时跟进所有最新技术的迭代升

级，这将推动供应链生态向着更开放的网络结构发展，主机厂与其供应商的合作形式及协同程度将变得更加重要。陈玉东判断，汽车产业正面临行业变革，汽车产业将开启新一轮关于整零博弈的改进、整合、变动，未来的整零关系将与传统汽车产业发生结构性变化，很难形成泾渭分明的完全零部件、完全供应商，也很难形成清晰的阶梯式供应链，而是将会形成互相交织的网状结构。

在基于电子电气架构的整零关系中，零部件生产商的企业规模、技术能力、供应链地位，将直接决定其采取独立或依附的发展方针。头部OEM企业可凭借自身的能力基础及行业地位，确保自身能够独立参与行业发展，与多家主机厂建立平等、持久的合作关系和交互、共创的合作模式。由于具有充分的行业独立性，头部OEM企业并不总是跟随主机厂提供配套业务，而是有能力针对未来发展趋势进行布局，引领整车行业的发展方向和生态网络建设。例如，博世率先提出分布式功能模块、功能模块合并、多域控制器架构、功能域逐渐融合、域融合终极阶段汽车大脑、远景云端计算等6个阶段，清晰指明了未来汽车电子电气架构算力会逐渐集中化的发展趋势；安波福针对未来的智能汽车电子电气架构，提出了由中央计算集群、标准电源和数据主干网络、电源数据中心构成的"大脑+神经"方案。

但对于不具备足够强势的议价能力的零部件供应商，则需要选

---

① 林季红.模块化生产与全球汽车业整零关系的演变[J].世界经济研究,2013(7):3-7.

择建立与特定主机厂的依附关系，推进实现与主机厂在生产标准及生产流程上的协同建设，确保自身有限的生产能力能为其提供专业服务、实现及时响应。数字技术将帮助主机厂提升对其供应商的管理能力，同时帮助供应商提升与主机厂生产的协同效率，但在柔性化、敏捷化的新生产要求下，主机厂的库存风险和生产冗余也将沿着供应链而逐级传递给上级供应商。下一节将重点探讨该问题。

三 柔性化与标准化：规模生产与长尾服务的平衡与协调

汽车在现代社会中已不仅限于代步工具的价值，而是被赋予了更丰富的生活内涵和社交属性，从机械产品演变为消费电子产品和储能产品，智能座舱已成为用户家庭和工作之外的"第三空间"，可为车主提供休闲、娱乐、社交、互动等多元价值。随着汽车持续扩展其功能外延，产生了更多元化、定制化、个性化的长尾需求，推动车企积极引入拉动式生产、智能化管理、柔性产线等智能化生产技术，来满足日渐提升的生产柔性度和反馈敏捷度要求。在"整零分离"的产业链结构下，主机厂将柔性生产、敏捷反馈、快速交付的标准传递给了零部件供应商，这要求主机厂与供应商的信息流转具有更高的协同度，供应商必须有能力对主机厂的随机订单变化作出及时响应，这在很大程度上重新加强了中小型零部件企业对头部主机厂的依附性，在获取稳定业务的同时，也降低了在市场上的独立性和拓展能力。

以某国产新能源汽车品牌A公司及其一级供应商B公司为例。如果考虑到所有可选的车型、款式及配置，A公司在理论上共有360万种潜在的排列组合。通过基于用户画像的精准聚焦、经销商和销售人员的话术引导、为热门配置提前备货（顾客倾向于选择提货时间更短的现车）等策略，可在很大程度上将难以预测的随机配置组合有效集中，目前真实存在的配置组合约为10万种。作为A公司的一级供应商，B公司可提供的产品存在200多种理论配置组合，但有91种组合从未生产过，75种的月产量在5台以下。纵然如此，这依然是堪称海量的SKU，A公司及其供应商都面临着生产效率及成本的多重挑战。

首先是持续提升生产和流转的敏捷性，A公司采用依据客户的个性化订单进行排期生产的及时交付模式，从而形成由后端向前端推进的拉动式生产，"信息流上传-生产配件-物流下传-组装-交付"的完整流转过程要长于推动式生产，从而必须在订单信息流转、定制化生产、物流配送等每个环节都尽可能实现精益、缩减时间浪费。其次是建构更有韧性的供应链，汽车产业作为典型的离散型制造业，外部供应商众多，前续生产流程较长，外部生产和物流周转中出现任何意外的错漏或延误，都可能造成无法及时交货的问题。最后是有效控制库存风险，尽管A公司会通过算法模型来预测未来的订单需求，并提前生产一定量的库存，但由于预测误差、订单变动、市场变化、不可抗力等因素，平均每天仍会出现30%的订单变动，需要在当日紧急插单生产，对这种敏捷反馈的压力会随供

应链而传递至供应商，并可能造成物料积压现象。

陈玉东指出，汽车零部件企业在柔性和敏捷要求下的关键指标，是最小生产批量和最小反应速度，即能够实现多么细致的定制化生产，以及能以怎样的响应速度来实现产能切换，应对不可预期的订单波动。在整零分离的产业结构下，供应商希望尽可能实现批量化、标准化的大规模生产，实现规模经济；整车厂则希望供应商能满足尽可能低的最小生产量，并能及时响应突发订单。尽管数字技术能帮助企业提升生产的柔性化和敏捷度，但生产成本仍是决定产量和产效达到平衡点的最终因素。

尽管数字通信技术和智能生产工具可提升主机厂与其供应商的信息流转效率，提高生产协同性和反馈敏捷性，但实物流转仍受限于地理空间的距离。柔性化生产需求令订单更加随机和多变，供应商必须有能力满足临时性、突发性的订单变化，这使得服务半径和物流能力成为主机厂遴选供应商时的重要指标之一。陈玉东介绍，博世中国的生产基地或研发中心大多位于长三角地区，这是出于贴近用户的考量，长三角的客户较为集中，供应商也最多，生态最为开放；博世综合考量最终供应地点、产品竞争性、OEM报价等多个维度，并基于经济模型进行加权计算，最终确定企业选址。

规模经济与物流效率的导向，驱使汽车产业在区域分布上具有集群性的特点，并且在智能网联化、电动电气化、用户定制化的发展趋势下，将形成更加紧密关联、深度合作、敏捷响应、快速迭代的汽车产业

生态和供应商网络，同时持续完善如技术研发中心、设计创新中心、检验检测中心、客户服务中心等支撑性业务能力，以及政策咨询服务平台、技术转化平台、车路协同测试场地等共享基础设施建设，从而持续推动区域范围内的产业聚合。张丹宁等的研究认为，上海和广州是中国新能源汽车发展的"双子星"和"领头羊"。上海的上市企业之间合作更密切，但供应链网络松散；广州是上市企业与其供应商和客户的连接点，但上市企业间合作较少。虽然两地的发展基础、要素禀赋不同，但跃升路径均可归纳为从"龙头企业引领，协作配套紧密"到"核心技术引领，激发创新活力"，再到"创新服务完善，区域品牌显现"，遵循"聚点-连线-拓面-成体"的发展规律，由产业集聚逐步发展为产业集群。①

四 国际化与本土化：全球化趋势下中国汽车产业的机遇与挑战

据中国汽车工业协会统计，2023年中国汽车出口量为491万辆，同比增长57.9%，出口对汽车总销量增长的贡献率达到55.7%。其中新能源汽车出口再创新高，达到120.3万辆，同比增长77.2%。从出口金额看，中国机电产品进出口商会数据显示，2023年中国汽车产品出口总额1 892.73亿美元，同比增长34.7%，占机电产品出口总额的9.6%。其中，汽车零配件出口876.61亿美元，同比增长9.0%；整车出口1 016.12亿美元，同比增长69.0%。

随着中国汽车出口量持续增长，部分中国车企开始寻求从单一的整车出海，延伸到汽车零部件出海、海外合资等多元出海模式，通过在国外建立本土化生产基地，实现技术、资金、人才、产品的协同输出，更深度地融入海外市场体系。中国汽车产业出海大致可以分为三个阶段：在整车出口阶段，企业主要依靠汽车产品的技术先发优势、产品力和性价比优势，快速切入目标市场并获取市场反馈；当目标市场到达一定容量后，主机厂可能建立散件组装生产线，从而降低运输及关税成本，亦能有效规避贸易壁垒；在成熟的本地化开发阶段，主机厂会在当地投入研发资源，针对当地需求进行定制化开发，并着手建设本土生产基地与供应链，以获取更高的市场份额。

奇瑞控股集团党委书记、董事长尹同跃认为，在中国汽车"走出去"的过程中，一定要深度融入全球汽车产业链，加快推动本地化发展，与外资品牌在人才链、创新链、产业链、供应链等全价值链上开展合作，探索"中国创造、海外制造、海外销售"的本地化经营模式。部分中国汽车企业深度出海的案例包括：比亚迪、上汽名爵、长城、哪吒、广汽埃安、长安、奇瑞等企业皆已在泰国市场实现创造、生产、销售的闭环；零跑与Stellantis的合资企业"零跑国际"将在波兰南部城市蒂黑（Tychy）的工厂生产电动汽车；奇瑞收购原日产汽车位于西班牙巴塞罗那的工厂，预计2024年年底开始生产电动汽车；比亚迪宣布将在匈牙利塞格德建设一个新能源汽车整车生产基地，预计在三年内建成并投入运营。②

在中国车企积极布局国际市场、实现海外本土化生产的同时，以特斯拉为代表的国际头部车企亦进入中国市场构建本土化的全产业链，实现"中国生产，辐射全球"。特斯拉上海超级工厂依托中国完善的供应链体系和制造能力，签约超过400家的本土一级供应商，零部件本土化率达到95%；上海超级工厂现已成为特斯拉全球主要的出口中心，2023年累计交付94.7万辆汽车，超过特斯拉全球交付量的50%。以特斯拉超级工厂为案例，于琳慧等认为特斯拉通过溢出效应和竞争效应来影响新能源汽车产业创新，中国新能源汽车产业应加强技术与知识溢出，由政府和企业主动构建开放合作的平台，鼓励外资企业和本土企业之间的技术交流与合作；政府应注重优化竞争环境，合理规划产业政策，确保市场竞争既激烈又有序；本土企业应采取差异化战略，发展特色技术和品牌优势，减少对外资技术依赖，利用外资进入带来的机遇进行转型升级。③

在汽车产业实现智能化、电气化转型的进程中，中国汽车产业从生产规模到技术能力都已居于国际领

① 张丹宁、杨雪婷、宋雪峰.集聚还是集群：产业生态网络视角下的演进研究——以上海和广州新能源汽车产业为例［J］.软科学，2024（7）：1-12.
② 巩兆恩.中国汽车上半年"出海"图谱［N］.21世纪经济报，2024-07（002）.
③ 于琳慧、周晓岚、林智超.外资进入对新能源汽车企业创新的影响：以特斯拉超级工厂进入中国为例［J］.兰州学刊，2024（7）：68-85.

先地位，在大数据计算、人工智能等方面亦具有技术优势和人才优势，并快速推进车联网、车路协同、智慧交通、新能源充/换电网络建设等生态环境建设。随着中国车企积极布局海外市场，国际车企亦在中国推进本土化，中国汽车产业将不仅仅能对外输出汽车或零配件产品，更能输出解决方案、技术研发、创新设计、专业服务、物流网络等全方位的能力设施，引领全球性的智能网联生态、电池电机生态、开放式供应链生态、全生命周期用户生态的建设。

陈玉东从博世集团进入中国的历程中，总结出汽车零部件产业推进全球化的关键路径。一是市场驱动，无论是基于现期的市场规模，还是预期的增长潜力，都必须具备对市场的充分了解和精准预判。二是属地化生产和服务，即在当地建设工厂、组织团队，提升本地的生产、研发、供应能力，博世既能提供全球解决方案，又能实现属地化生产。为了充分发挥内部资源优势，博世正通过"Mobility Company"项目来调整内部架构、促进跨域的协作以更好满足客户需要，给客户提供跨域的软硬件解决方案。在该项目的推动下，博世内部架构更适合跨域方案服务，相比过去的独立事业部架构，博世不仅提升了新一代电子电气架构的服务能力，同时在服务速度上也得到提升。三是转型升级，过去中国汽车产业在技术层面相对落后，因而主要是作为先进技术接受者的身份，但随着中国汽车产业持续提升电气化与智能化的技术能力和生产能力，现已逐渐跻身世界领先水平，具备了供应全球市场、输出解决方案的能力。目前中国汽车产业走向国际化的最大困难在于文化，需要提高文化认同、消弭文化冲突，更好地向国际市场传递信任。国际总部不应再采用传统产业模式下将全球平台引入中国的做法，而是需要更加信任当地团队、给予充分权限，形成"信任"与"权限"的正循环，让国内的技术开发平台拿到全球销售权力。通过深度扎根、持续深耕中国市场，博世在中国市场的业务持续实现增长，2023年销售额达到1390亿元人民币（约182亿欧元），同比增长5.2%。其中，智能出行业务成为主要增长引擎，在华销售额达到1121亿元人民币（约146亿欧元），实现了8.2%的增长。

五　总结

（1）汽车产业正面临着智能化与电气化的发展进程。在企业层面，主机厂必须持续实现自我升级，以数据和算法牵引业务开展，构建自我进化、及时响应的组织形态；在行业层面，将迎来全新的"整零博弈"，主机厂和零部件生产商的关系会发生变化，由传统的阶梯式结构转变为网状结构；在生态层面，将围绕制造场景和驾驶场景展开更开放的生态，着重于完善驾驶、充电、"第三空间"的体验，届时会有更多原本不属于传统汽车产业的参与者加入生态，再次引发行业蝶变。

（2）技术升级与市场竞争使得消费者能在设计和服务中获得更高的话语权，定制化是其中的显著趋势，倒逼主机厂朝着柔性生产、敏捷响应的方向发展，并将沿着供应链将该生产要求及成本压力传递给各级供应商。微观上，主机厂和供应商持续提升生产和流转的敏捷性，建构更有韧性的供应链，加强库存风险管理；宏观上，汽车产业持续集聚、形成集群，形成完善的供应链网络和外沿产业生态。

（3）全球化势不可挡，中国不仅要融入世界，更要以此次汽车产业变革为契机，引领算力革命、能源革命的先机。一方面，要主动将国际主机厂"请进来"，与具有优势的当地技术团队建立深度合作，搭建基于本土、服务世界的技术平台、服务平台、数据平台，赋能全球产业发展，输出中国解决方案；另一方面，也要积极推动中国本土汽车品牌"走出去"，不仅仅是产品出海，也要推动服务出海、技术出海、经验出海、数据出海，为中国新能源汽车出海提前布局生态、搭建配套服务，在此过程中尤其需要注意加强文化融合。◆

【嘉宾介绍】

陈玉东，美国密歇根大学机械工程专业博士。博世（中国）投资有限公司原总裁，现任博世集团董事会中国事务顾问。历任德尔福汽车零部件集团大中华区总工程师、商务总监及事业部中国区总经理，博世集团汽油机系统部高级副总裁，博世（中国）投资有限公司执行副总裁及总裁。

陈玉东博士于2007年加入博世集团，自2011年1月1日起出任博世中国区总裁。在其领导之下，博世中国业务销售额自2010年的373亿元人民币持续增长至2022年的1321亿元人民币，平均年复合增长率达到11%。中国区成长为博世集团最大的市场，以及除德国外拥有员工人数最多的国家。

给理念以技术、予价值以产品

采访嘉宾：纪华强　陈方若　执笔：潘宇超

摘要

　　新能源汽车行业的技术创新不仅简化了汽车制造流程，还为智能化和电动化铺平了道路。上海交通大学安泰经济与管理学院院长、上海交通大学行业研究院院长陈方若与蔚来制造物流运营高级副总裁纪华强围绕企业定位、理念、技术与管理展开对话。在激烈的市场竞争中，蔚来定位为高端智能电动汽车品牌，致力于提供个性化配置，并通过集群协作优化业务架构，快速响应用户需求。蔚来以用户体验为中心，通过自主研发构建了全生命周期服务能力，提供持续的价值和服务。在制造领域，蔚来精益求精，利用数字化手段优化生产流程和人员配置，提升效率和质量。同时，在供应链管理中推动数据共享和透明度，与供应商建立深度合作伙伴关系，共同应对智能化带来的挑战，实现共赢发展。

关键词

新能源；智能制造；组织协作；高精度工厂

【作者简介】

纪华强　蔚来制造物流运营高级副总裁。

陈方若　上海交通大学安泰经济与管理学院院长、行业研究院院长、中银科技金融学院院长、深圳研究院院长、21世纪跨国企业战略研究院院长。

潘宇超　上海交通大学行业研究院研究专员。

一 引言

在全球市场竞争日益加剧的背景下,智能制造作为产业升级的关键方向,正引领着全新的生产方式。组织结构的变革,显著增强了企业的灵活性和创新能力;生产制造的数字化不仅提升了生产效率和产品质量,还实现了柔性化与敏捷化的大规模定制能力;供应链管理的优化确保了原材料和物料的稳定供应,降低了成本并提高了响应速度;专业人才的定位与培育,成为支撑产业持续发展的动力。

作为正经历着一场颠覆式创新的复杂型制造业,汽车行业如何构建面向用户价值交付体系的能力与差异化的竞争策略,以及智能制造如何重塑整个价值链?围绕这些问题,上海交通大学安泰经济与管理学院院长、上海交通大学行业研究院院长陈方若与蔚来制造物流运营高级副总裁纪华强进行了一次对话访谈,展现了在国内激烈的新能源汽车市场竞争中,蔚来是怎样通过技术创新与管理的变革,实践企业核心理念,向用户交付独具价值的产品。本文是在这次访谈的基础上,结合作者对于企业数字化转型的根本驱动力与路径的理解整理而成的。

二 新能源汽车——一场颠覆式创新

在汽车工业的长期演进中,供应链与主机厂之间的合作关系一直较为稳固,通常以分包合作模式为主导。大约30年前,国际知名的主机厂与一级、二级供应商之间的合作模式主要体现为主机厂将系统开发任务外包给供应商,供应商则提供包括软件和硬件在内的整体解决方案。在产品迭代过程中,供应商通常负责硬件或软件的更新与升级。

如今,技术进步和数字化转型在汽车行业掀起了一场变革。电动化技术不仅降低了汽车制造的技术门槛,简化了传动系统的设计,而且随着技术的成熟与数字化的快速发展,汽车制造变得更加高效和可行。在当前信息化时代,知识的获取和信息的流通变得更加便捷,这不仅降低了进入汽车制造业的难度,也为行业的创新提供了广阔的空间。未来汽车产品的发展拥有无限的潜力和可能性。动力系统的变革可能会从传统的燃油动力过渡到电动动力,甚至可能发展到可控核聚变或氢能等更为先进的新能源技术。随着移动互联和数据交互能力的提升,车载互联网生态可能会经历根本性的变化,实现车与车、车与基础设施之间的快速信息交换。

传统汽车的一个显著特征是其网络化程度相对较低,难以通过无线网络实现车辆软件的远程升级。以往,车辆软件的更新往往需要车辆返回至4S店,通过物理连接车载计算机进行软件刷新或迭代,这一过程不仅耗时且效率较低。然而,随着移动互联技术的进步、通信水平的提升及通信成本的降低,电动汽车得以实现远程软件与固件升级,即所谓的SOTA(software over-the-air)与FOTA(firmware over-the-air),为车辆提供了持续更新和改进的可能性。

纪华强认为这种远程升级能力的实现,对传统的分包集成开发模式提出了挑战。特别是在智能辅助驾驶技术快速发展的背景下,车辆需要根据实时路况进行快速运算,为用户提供不同交通情况下均能安全运行的自动辅助驾驶,这要求车辆的各个子系统之间能够实现高度集成和协同工作。例如,底盘系统与驾驶系统在传统架构上是分离的,现在需要在一个统一的计算与控制平台上运行,以实现更高级别的智能驾驶功能。在这一背景下,车辆的摄像头系统需要不断感知路况,雷达系统需要探测周围障碍物,电机电控和刹车系统则需要根据行驶状态做出快速反应。所有这些功能的实现,都依赖于对车辆系统的数字化信息进行整合。因此,过去由不同供应商提供的底盘操控系统和驾驶控制系统,现在需要在数据交互和协作方面实现更好的集成,以减少交互障碍,提高整体效率。

这种技术进步可能会引发驾驶生态的根本性变革,通过车联网将会实现车辆间的通信,甚至在高速公路上实现车队的自动驾驶。技术的发展将深刻影响汽车工业的生态系统和产品形态。从合资企业的主导地位到如今自主品牌的崛起,这一转变反映了行业的快速发展和深刻变革。在未来几十年的发展中,汽车可能不再仅仅是移动出行的工具,而是成为数字化、智能化的平台,其形态和功能都将经历翻天覆地的变化。

三 价值交付——技术与体验的融合

陈方若提出在现代商业环境中,区分客户与用户的概念至关重要,这不仅反映了企业对市场关系的理解,也体现了其战略选择和服务理念。"客户"一词往往与一次性交易相关联，强调的是买卖关系，交易完成后，企业与客户的联系可能随之减弱。这种关系模式下，重视的是交易的即时性和完成度。相对而言，用户则指向一种更为持续和深入的关系。用户体验贯穿于产品的整个使用周期，强调的是产品或服务在实际使用过程中的价值和感受。在汽车行业，这种关系尤为重要，汽车作为一种长期使用的大宗商品，其用户体验是一个长期累积的过程。

据中国汽车工业协会最新数据，2024年上半年中国新能源汽车产销量已突破490万辆，同比增长超过30%，市场占有率为35%以上。市场保持强劲增长势头的同时也加剧了车企之间的竞争。中国新能源汽车产业在电池技术、智能驾驶、整车制造等领域取得了重大突破，产品竞争力大幅提升。新能源车型更新迭代速度加快，车企需要不断推出具有创新性和竞争力的新产品，以满足市场需求。以比亚迪为代表的自主品牌在市场中占据领先地位，同时蔚来、小鹏、理想等造车新势力也在积极布局，推出具有竞争力的新产品。

随着我国新能源汽车渗透率不断升高，市场竞争加剧，"卷价值"代替了"卷价格"，成为新能源汽车市场竞争的新趋势。面对这样的情况，蔚来保持初心，即为用户满意而存在，通过技术创新，开发极致的产品，提供超越期待的服务，打造共同成长的社区。纪华强提到，蔚来的第二代平台提供了八款车型，用户可以享受超过350万种不同的配置组合，这种丰富的选择机会是蔚来基于"用户企业"的运营理念，将其产品定位为

高端智能电动汽车而做出的选择。这类目标用户群体对个性化配置的需求较高，他们追求真正符合自己喜好的车辆，无论是颜色还是其他特性。例如，一些用户可能不喜欢传统的黑白灰，而是希望选择紫色或米色等更能表达个性的颜色。这种需求在高端用户中相当普遍，因此蔚来认为提供多元化的选择机会是其品牌定位的责任。

纪华强表示，350万种组合数会给人一种极难实现的第一印象，但从技术实现的角度来看，这种多样化选择并不一定会增加太多成本，原因有二。

其一，蔚来采用面向用户订单交付的生产模式，按用户选择的订单组织生产。供应链物料按计划配备，蔚来通过实施供应链库存透明化系统，采集供应链各库存点的库存数据，并根据生产计划和库存合理性算法评估模型，对库存数据进行动态分析，及时识别库存零件数量，从而实现精益库存管理目标。

其二，蔚来得益于高度集成化的数字化系统，打通从用户下单到供应链物料协同、生产制造、用户交付的全价值链流程，实施高效支持不同用户订单配置的柔性化生产模式。更多的配置给用户提供了更多的排列组合的选择机会，对于用户已选定的配置，只需根据订单备料、装配对应的零件，并不会增加生产难度。

此外，合肥新桥蔚来第二工厂采用了"天工"智能制造管理系统、"魔方"车辆存取平台、"飞地"智能装配岛等多项前沿技术，以支持用户的多样化选择。从用户下订单到交付车辆的平均时间是14天，无论是在北京、上海、广州、深圳，还是在更

远的地区，蔚来都能够在两周左右的时间内完成从订单到交付的全过程。

传统的工业数字化系统，由于通常是采买外部合作伙伴的商业闭源软件来搭建整套解决方案，往往依赖于合作伙伴，造成后期对于系统的迭代、升级较为困难。而蔚来的"天工"智能制造管理系统是基于微服务架构自主开发的，具备高可用、高弹性的特性，可以实现快速迭代的有生命力的数字化系统。"天工"智能制造管理系统，通过与MEP、LES、Q Plant、VLM等子智能系统的全面协同，涵盖了生产管理、工艺管理、设备管理、质量管理、变化点管理、人员管理、物料管理、整车仓储与车辆发运等环节，统一数据流，实现全过程的追溯和防错。

"魔方"车辆存取平台，通过将传统的平面库存优化为立体库存，设置6层411个车位，实现更灵活的库存调用，无须"先进先出"，从而缩短了排序时间，避免了生产停顿，减少了20%的工艺距离。它的高柔性、模块化的特性实现了对定制化生产的快速响应，在保证用户个性化选择的基础上，提高了生产效率。

全球范围内首次采用的"飞地"智能装配岛，将前后风挡、玻璃车顶、仪表台和尾门四大件集成在同一个全自动装配岛内完成安装，大大提升了关键零件的装配精度和装配质量。"飞地"系统具备超高的灵活性和扩展性，车辆可以快速拉入拉出，这样一些复杂的自动化调试相对于传统产线可以缩短2/3的调试时间。同时，"飞地"系统通过更改AGV路线就可以实现自动化的快速拓展和部署，降低了自动化应用导入难度和影响。

这些高效的数字化体系使得蔚来能够在用户个性化选择和工业化大规模生产之间找到平衡，而无须大幅增加成本，同时保证了用户体验。这种快速响应和交付能力，是蔚来数字化全链应用和供应链管理能力提升的体现。

四 技术与管理——环环相扣的链条

（一）集群协作打造用户体验至上的核心价值

在当今竞争激烈的商业环境中，纪华强体会到公司必须拥有一个高效的业务架构，才能确保其在各个层面都能保持领先，从而为用户打造出超越期待的全程体验。对于蔚来而言，业务架构的核心由三个关键的集群构成：产品设计与研发集群、工业化集群和用户与服务体验集群。这三个集群不仅相互独立，承担着各自独特的战略职能，而且它们之间的紧密协作是实现公司整体目标的关键。

（1）产品设计与研发集群是创新的引擎。它专注于将最新的技术趋势转化为具有市场竞争力的产品。从产品概念的构思到软硬件的开发，再到不断的产品迭代和创新，这个集群致力于推动公司技术的进步，并确保公司产品始终处于行业前沿。

（2）工业化集群是生产运营的基石，它负责管理供应链、生产制造及物流、质量等关键环节。这个集群通过采用先进的技术和流程，确保生产效率和产品质量，同时满足市场对个性化和定制化产品的需求。它的成功在于能够灵活地调整生产策略，以适应不断变化的市场需求。

（3）用户与服务体验集群则扮演着与用户连接的重要角色。它的目标是在用户的整个生命周期中提供超越期待的服务和社区体验。这个集群的工作不仅限于销售环节，还包括在用户使用产品的过程中提供持续的支持，做好社区运营和反馈收集，建立信息渠道，以帮助公司不断优化产品和提升服务体验。

这三个集群之间的协同至关重要。信息的共享和流通是确保它们能够有效运作的基础。产品设计与研发集群需要利用用户与服务体验集群收集的市场反馈来指导产品的设计和开发，确保产品能够满足甚至超越用户的期望。工业化集群则必须确保其制造、物流和供应链管理能力能够支持公司的愿景，同时满足市场对高质量和个性化产品的需求。用户与服务体验集群则需要在整个用户生命周期中与用户保持紧密联系，提供个性化的服务，并收集宝贵的用户反馈，以支持产品设计与研发集群和工业化集群的持续改进。

通过这三个集群的紧密合作，公司能够确保从产品设计到制造，再到用户服务的每一个环节都能高效且体系化运作。这不仅仅是对产品质量的保证，更是对公司整体运营体系的深度思考和精心设计。为了实现这一目标，公司必须在每个环节都建立严格的质量控制和管理体系，确保即使在大规模生产和用户持续增长的情况下，也能维持产品与服务的高标准和高质量。

这种以集群为基础的业务架构不仅提高了公司的运营效率，而且增强了公司在市场上的竞争力。通过不断的创新和优化，公司不仅能够为用户提供高质量的产品和服务，满足他们的需求，还能在独特的用户社区运营中建立起牢固的品牌忠诚度。

（二）自主研发构建全生命周期服务能力

在智能化时代，汽车行业正经历着一场深刻的变革。传统汽车制造商曾经依赖外部供应商来获取关键的子系统，如底盘或悬挂系统，这些系统通常包含硬件和软件的综合解决方案。然而，随着汽车逐渐演变为高度集成的大型系统，其内部各子系统之间的通信和集成变得异常复杂，简单的模块化采购与集成模式已经不再适用。

在这个转型过程中，蔚来以其独特的战略定位和技术优势脱颖而出。正如纪华强所指出的，蔚来与传统汽车制造商在智能电动汽车领域的主要区别在于其对自主研发能力的重视与应用。自主研发不仅包括硬件与软件的深度融合，还涵盖了数据交互与通信能力，这些能力对于实现优质用户服务和产品持续迭代至关重要。选择自主研发底层架构和全域操作系统战略，赋予了蔚来对产品发展路径的完全自主权。这种自主研发策略也深刻影响了蔚来在研发人员配置上的决策。但是，这并非简单地取代合作伙伴的角色，而是致力于构建并掌握核心技术的自主研发能力，以应对在汽车产品长达五至八年的使用周期内技术迅速发展的挑战。

蔚来希望带给用户的不仅是一辆车，而是一个移动的生活空间，一个能够长期陪伴、共同成长的出行伙伴。这一理念促使蔚来在研发体系和组织架构上构建起强大的底层研发能力，确保在整个产品使用周期内，以技术创新为核心，围绕产品、服务、社区为用户提供全程体验。这种以用户体验为中心的服务和运营理念，与行业内其他企业和传统商业实践形成了鲜明对比。通过全方位的自主研发和以用户体验为中心的服务理念，企业不仅在技术上取得了突破，而且在市场定位和品牌建设上也展现出了其独特的竞争力。蔚来展示了在智能化时代，如何通过自主研发和用户服务的深度整合，来实现企业的可持续发展和提升市场竞争力。

（三）高精度工厂追求精益求精的制造目标

在制造现场，技术的领先性首先来自生产工艺，比如连接工艺、喷涂工艺、装配工艺等，做到人无我有，这就是一种先进性的体现。另外，从更广泛的意义上看，工厂的先进性，目前更多体现在效率和柔性上。而工厂的布局、柔性更多和自身经验及规划设计有关。

在生产流程中，工厂需要识别存在的大量资源浪费和非效率性消耗。从生产线设备的安装到TT（tooling trial）生产线验证造车，工厂通常需要长达四个月的调试期。但是，这种长时间的调试是否有必要？工厂能否实现设备安装后立即投入生产，如同家用电器一般，仅须接通电源即可使用？经过多年的实践积累，蔚来形成了一套独特的方法论和战略目标。纪华强表示蔚来在智能制造上的核心目标是大幅降低生产过程中的资源消耗。为此，蔚来基于对现有业务流程的深入分析，设定了一项非常有挑战性的目标：到2026年，将制造资源消耗量减少50%。

在生产线部署时，有时会忽略厂房内已有的设施，如管道等，导致设备安装时出现冲突，需要临时修改图纸，这不仅耽误时间，也增加了成本。为了解决这些问题，蔚来引入了3D虚拟设计与联合评审，以确保工艺、设备、人员和物料的一致性。蔚来设定了一个目标：在两年内，从生产线设备的安装到TT生产线验证造车，计划从四个月缩短至两个月。这不仅能减少固定资产的闲置时间，加快产品上市周期，还能在全球化过程中降低海外高昂的劳动成本。因为当研发中心和工厂地理位置相隔甚远时，一旦出现问题，就需要投入大量的人力资源和成本来解决。

在制造领域，尽管生产线上的机器设备可能非常先进，但如果在仿真和规划阶段没有充分考虑人为因素，最终的生产效率和产品质量都可能受到影响。企业很少在虚拟仿真过程中将人作为生产要素考虑进去，这导致了生产线部署完毕后出现各种问题，如岗位的质量问题、安全风险、出错频率和员工的心理压力等。

基于这些观察结果，纪华强认为在规划阶段需要更全面地考虑生产全要素，提高现场安装的精度，并在仿真模拟中更真实地反映生产现场的实际情况。这不仅能够减少资源浪费，还能提升制造效率，实现更快的市场响应和更高质量的产品输出，进而达成减少资源消耗的目标。通过在虚拟设计阶段尽可能配全生产要素，可以减少现实世界中的调试和纠错时间。这需要做到以下两点。

一是确保生产全要素被准确刻画和描述，达到足够的科学度，以便机器语言能够理解。

二是提高机械安装加工的精度，避免粗放式的安装，确保一次性把事情做正确。

在工厂自迭代方面，蔚来设计了"天工"智能制造管理系统，通过在工厂预埋的90千米光纤将系统和设备融合为一体化的工厂大数据通信网络，构建起目前行业内融合度最深且支持快速扩展和便捷运维的工业互联网基础架构，支撑起全链路数字化智能工厂的运转。这种设计能够实现在过去老旧工厂难以达成的功能，即将线下生产积累的经验，在云上实现高效迭代。

通过这些措施，蔚来不仅实现了更快地为用户提供新产品，降低汽车生产制造成本，同时减少了资源消耗。这也符合企业的社会责任，即在ESG（环境、社会和公司治理）方面，尽可能消耗较少的资源，实现更多的成果。这是对ESG理念的实践，也是作为企业应尽的责任。

（四）双向定位提升制造流程效率与质量

提升生产流程的效率和质量是制造企业持续追求的目标。对于汽车行业的专业人才而言，无论是在整车制造企业还是供应链企业，随着行业的演进，所需的不仅仅是专业技术知识，更需要具备跨界融合和创新的能力，以适应行业不断变化的需求。纪华强表示蔚来正致力于对人与岗位的双向定位以助力实现这一目标。

首先，就是深化对生产要素中"人"的考量。这不仅包括对员工体力、性别、身高等物理特性的了解，还涉及对心理因素的深入分析。例如，员工可能对噪声、粉尘或特定材料过敏，这些因素都可能影响他们的工作表现和心理状态。企业认识到每位员工都具有独特性，全面了解员工特性后，可以更合理地安排其工作岗位，确保每位员工都能在适宜的工作环境中发挥最大潜力。为员工提供与其目标和理想相匹配的岗位，是企业管理者的重要职责。

其次，对工作岗位进行深入分析。不同的工位具有不同的要求和压力水平。例如，一些工位可能仅涉及简单的搬运或装配工作，出错率较低，员工的心理压力相对较小。而如高速冲压线上的质量检查岗位，则要求员工在短时间内检查大量零件，这无疑会带来巨大的身体和心理压力。企业的目标是通过自动化和辅助技术减轻员工的劳动负荷，尤其是那些对人类来说压力过大的岗位。蔚来正在探索使用机器视觉和其他技术手段来辅助或取代人力，以提升生产效率并减轻员工的疲劳和压力。

纪华强认为，智能制造的终极目标是提升员工的幸福感。这不仅关注管理层，而且关注生产线上每一位员工的体验和感受。蔚来提出的"员工幸福"这一概念，强调为所有员工，包括操作员、维修工、保洁员和保安等，创造一个幸福和满足的工作环境。只有当员工的体验得到提升，幸福感增强时，他们才能为用户提供更高价值的产品和服务。这是蔚来管理的最终目标，也是推动企业不断前进的动力。通过这些措施，蔚来希望能够构建一个更加人性化、高效和创新的制造环境。

在合肥新桥蔚来第二工厂，蔚来采取了一种创新的做法，即员工在上岗前需要刷卡开机。这在电子厂或消费电子行业中很常见，主要是为了记录工作状态和追溯产品缺陷。但蔚来的实施方式结合了对工位和员工特性的深入描述。通过这

种机制，可以在数据积累到一定量级后，利用数据分析来优化生产流程和人员配置。传统上，企业依赖管理者的经验和历史数据来判断工位需要的改进或人员匹配。现在，蔚来希望通过数字化手段进行更深入的分析，比如增加视觉传感器和人体工学设备，来记录员工的真实工作负荷。通过这些数字化手段，蔚来就发现有些工位的员工每天需要走大约4万步，这样的负荷显然是不合理的，需要立即改进工位设计。

通过数字化手段，企业可以在工业规划的早期阶段模拟和体现人的动态表现和负荷，而不仅仅是在生产线实际运行后才发现问题。过去的模拟往往忽略了人的因素，只关注设备和物料的布局。但现在，企业将人作为关键要素纳入模拟，这涉及对人的物理和心理特性的全面考量，因为人与机器设备不同，他们的特性和需求是多样化的。这种细致入微的考虑，虽然使得系统工程变得更加复杂，却是必要的，它有助于企业更好地理解员工的需求和挑战，从而设计出更高效、更人性化的生产线。通过这种方式，企业不仅能够提升生产效率，还能增强员工的幸福感和工作满意度，最终实现资源的优化配置和生产流程的改进。

五 供应链管理——下一场扬帆的风

（一）数字化转型的下一步

陈方若认为数字化转型的核心在于管理创新，而非单纯的技术应用。在管理学中，问题识别与解决构成了管理实践的两大基石。有效的管理不仅需要敏锐地发现问题，更要

精准地解决问题。数字化技术的应用，正是为了在这两个方面提供支持和赋能。重要的是，数字化不应被视为目的，而是一种手段。它不是衡量一个组织拥有多少传感器或数字化工具的标准，其核心在于如何利用数字化技术帮助组织识别并解决实际问题，从而提升生产力和效率。

在数字化转型的下一阶段，供应链管理成为核心焦点，这源于企业对自身业务流程和痛点的深刻理解。目前，部分主机厂采取了一种强制性的数字化推进策略，试图全面掌握供应商的基础数据和运营参数。虽然在某些行业，如消费电子领域，这种做法可能具有一定的必要性，但在汽车行业，许多零部件供应商拥有自身的核心技术和知识产权。因此，这种侵入式的数字化渗透策略可能并不适宜。

在汽车供应链中，主机厂作为链主的地位并非总是适用。供应商同样拥有其独特的优势和专业领域。即便主机厂能够获取供应商的数据，也未必能够高效地利用这些信息，实现预期的优化效果。因此，数据共享和透明度的提升对于供应链管理至关重要。共享透明的数据，例如库存水平，能够为供应链各方带来显著的益处。然而，掌握供应商的核心技术和生产过程则相对困难，因为这些是供应商的核心竞争力所在。

纪华强表示蔚来专注于推动数据共享和提升库存透明度。为此，蔚来向合作伙伴提供年度中长期需求预测，以及更精确的月度和周度滚动需求预测，并与合作伙伴共享这些关键信息。这种透明度不仅有助于合作伙伴更有效地规划其资源，还能增强整个供应链的响应能力和灵活性。

在实施数字化转型的过程中，必须尊重合作伙伴的独立性和专业性。通过建立基于信任和互惠的合作关系，共同推动供应链的优化和创新，实现供应链管理的数字化升级。这种合作不仅能够提升供应链的整体效率，还能促进供应链各方的共同发展和进步。

（二）供应链管理中的挑战

在供应链管理中，单一企业可能无法完全占据主导地位，因为其他参与者，如关键供应商，同样拥有显著的竞争力和自主知识产权。陈方若强调，在供应链管理领域，提升透明度是解决不确定性问题的关键策略之一。透明度的增强能够显著降低供应链中各环节所面临的风险，因为准确的信息流通使得决策更为可靠和高效。供应链的透明度不仅涉及库存和物流信息的共享，还包括对市场需求、生产计划和潜在风险的及时沟通。同时，供应链中的信任构建和合作关系的深化构成了另一项核心挑战。在传统的买卖关系中，往往存在着利益冲突和零和博弈的局面。然而，为了实现供应链的长期稳定和效率优化，各方必须培养出一种基于互信和共赢的合作精神。这意味着企业需要超越短期利益的考量，致力于构建长期的战略合作伙伴关系，共同面对市场变化，实现协同发展。

就蔚来而言，与一级合作伙伴之间直接签订合同，涉及的合作伙伴数量有数百家。若进一步扩展至二级、三级合作伙伴及零部件层面，合作伙伴网络将进一步扩展至数千家。生产技术的进步，如一体化压铸技术，显著减少了传统连接工艺的需求，这一技术既适用于电动汽车也适用于燃油车。电动汽车的传动系统和动力系统更为集成和集约，减少了传统发动机和变速箱的复杂连接。电池作为主要能源载体，简化了原对应的油箱和油管的系统。尽管如此，蔚来仍然依赖一个庞大而复杂的供应链体系。

智能化的发展使得汽车供应链正经历从传统的链状结构向网状结构的转变，新的供应链结构要求整车厂更深入地参与到产品设计源头中。例如，高精度摄像头、各种雷达和复杂的线束连接等都需要新的供应商或合作伙伴来提供智能软件和硬件。随着智能化的推进，还需要运算单元、芯片、算力研究等，这些都是供应链中的新角色。在选择合作伙伴时，不仅重视技术和产品上的支持，更注重双方是否能够共同发展，共享智能电动汽车发展带来的好处。纪华强表示蔚来视合作伙伴为共同事业的伙伴，而非简单的买卖关系。通过共同努力和相互支持，共同推动整个行业的进步，并在事业发展中实现共赢。

对于传统制造业的合作伙伴，纪华强坦言蔚来也遇到过产能或供应链问题，比如市场预测与实际需求不符，导致供货不足。在这种情况下，蔚来会派出技术和运营团队进驻合作伙伴工厂，帮助解决技术瓶颈和劳动力短缺等困难，解决供货不足的问题。这种在困难时期建立的合作关系是非常宝贵的。蔚来与合作伙伴的关系建立在真诚和诚信的基础上，坦诚地讨论利益分配，不回避问题。蔚来的目标是与合作伙伴共同发展，而不是单方面榨取利润。目前，整个中国汽车工业，包括自主品牌和零部件供应链，都希望能够抓住当前的发展趋势，共同创造更多机会。

此外，在供应链管理中还存在一些问题，如不同组织之间的目标可能不完全一致，人与人之间的交流和信任建立也受到地理距离的限制。尽管如此，纪华强认为企业仍需在供应链发展过程中逐步建立信任关系。这些企业可能之前没有汽车行业的背景，需要帮助他们适应汽车产品的开发要求，比如屏幕和激光雷达等产品，这是蔚来支持创新企业的典型案例。

主机厂与零部件供应商或合作伙伴应该协同发展，共享时代趋势带来的红利，这才是稳健发展的途径。过去合资企业带动了外资零部件企业的发展，现在自主品牌的崛起也在推动国内零部件产业的前进，共同推动汽车行业的发展。◆

【嘉宾介绍】

纪华强，拥有25年的汽车制造领域的专业技术和管理经验，现任蔚来制造物流运营高级副总裁，同时担任中国汽车工程学会数字化与智能制造工作委员会委员、安徽省科协委员。

纪华强于2019年2月加入蔚来，担任制造物流运营负责人，主要负责全球制造产能规划与建设实施、多品牌产品制造工程开发、多工厂量产运营交付、前瞻智能制造技术创新与卓越运营体系能力建设。2021—2022年，他带领团队，历时18个月，快速高质量完成合肥新桥蔚来第二工厂的规划与建设实施。合肥新桥蔚来第二工厂，不仅是高品质智能电动汽车产品的诞生地，更是一座全球领先的全链路数字化智能工厂，年接待用户近5万人。

工业软件驱动的制造效率提升与创新生态建设

采访嘉宾: 戚　锋　陈宏民　执笔: 谢　天

摘要

在2013年的汉诺威工业博览会上,德国首次提出"工业4.0"战略,即通过实现"物联网"系统完成大生产,最大限度地实现生产过程全自动化、个性化、弹性化、自我优化和提高生产资源效率、降低生产成本的全新生产方式。作为全球电子电气工程领域的领先企业,西门子始终致力于以技术变革驱动制造产业发展,并从21世纪10年代开始明确以工业物联网牵引自身和全产业的数字化转型。

西门子工业软件高级副总裁戚锋博士与上海交通大学行业研究院副院长陈宏民教授展开对话,共同探讨西门子以工业软件赋能智能制造、以数字技术推动制造业变革的发展路径和经验总结,寻求获得中国制造行业开展数字化转型、培育建设智能制造行业生态、推进实现中国制造高质量发展的新启示。

关键词

工业软件;产业赋能;创新生态

【作者简介】

戚　锋　博士,现任西门子工业软件高级副总裁,负责西门子工业软件数字化产品和市场战略。

陈宏民　上海交通大学行业研究院副院长、上海交通大学安泰经济与管理学院教授、上海交通大学行业研究院数字化平台行研团队负责人、上海市人民政府参事。

谢　天　上海交通大学行业研究院研究专员。

一 从赋能自营业务到赋能外部客户

1. 工业软件的核心价值是降低沟通成本和决策成本

从20世纪80年代起，发达国家的大型企业因激烈的竞争环境，开始实行业务剥离和业务聚焦的组织重组活动。西门子在2014年提出"公司愿景2020+"战略，逐步剥离家电、电信设备、移动电话、计算机、半导体、照明设备等传统业务，并将核心竞争力投放在数字化等具备长期潜力的业务领域，其中亦包括对工业物联网平台的战略布局。西门子数字化部门专家认为，被称为"第四次工业革命"的工业物联网是工业史上最大的变革，因而西门子内部面向"工业4.0"和工业物联网的"数字工业部门"被视作最核心、最具未来意义的部门。①

尽管西门子正处于由制造密集型企业向工业软件服务商、综合解决方案提供商转型的过程，但始终没有完全放弃制造业务，而是坚持践行软件与硬件同步发展、相互赋能的战略路线。工业软件可帮助设备、产线、工厂、供应链等不同层级的单位或组织提高生产效率、规划生产方案、节约生产能耗，从而帮助制造企业在规模、成本、质量、效率等方面保持长期领先；与此同时，现实生产场景也为工业软件提供了充足的真实数据和多样化的应用测试环境，以数据帮助算法实现持续的校准、优化和迭代，确保软件能切实解决各种生产制造中存在的真实问题和关键需求。

西门子从20世纪60年代便已开始探索利用先进的自动化和信息化技术来提升生产力和生产效率，帮助企业实现降本增效。从70年代开始，工厂在原有的制造业务外，亦承担了作为自动化实验室基地的功能，工程师设计出传感器后，会先在自有产线进行测试，待技术验证成熟后再正式投入市场。发展至90年代，西门子工厂的自动化技术已经炉火纯青，实现了全生产流程的标准自动化。以位于德国安贝格的西门子电子制造工厂（EWA）为例，该工厂利用自主研发的自动化设备Simatic来对生产过程进行高度的自动化控制，目前Simatic系统可以自主处理75%的流程工作，能在24小时内将面向全球用户的产品做好交付准备，产品合格率高达99.998 8%。

西门子是当今全球工业软件领域的头部企业，数字化工业部门为全集团的业务增长持续作出贡献。但据戚锋回忆，在工业软件发挥显著价值的初级阶段，西门子硬件工程师对于软硬件的协同发展关系也在持续探索中。西门子硬件工程师一直坚持从事基于自动化硬件的软件开发，但他们并未充分认识到更完整的全生命周期工业软件对制造行业的巨大赋能价值，以及工业软件作为独立产品的潜在经济价值，思想上始终认为硬件才是工业生产的核心能力，软件则仅是起到辅助生产、服务业务的作用。因此，最初西门子的工程师都是围绕硬件来研发衍生的功能性软件，并把软件作为硬件业务的增值服务来附送给客户，"就像旅行社赠送一份导游

攻略"。在20世纪80年代，由于存在"重硬件、轻软件"的认知导向，西门子在观念和战略上缺乏对软件业务的足够重视，故而其业务发展速度缓慢，亦没有对市场开展广泛的产品推广。

随着数字技术、平台架构和人工智能迅速发展，西门子从提升自己的自动化工厂实践中意识到工业软件可以对全生产流程、对工业物联网发挥更大的赋能作用，继而才真正将工业软件作为未来的发展重点，并持续增加投入来提升软件研发和业务开发能力。同时，西门子亦积极开展战略收购，强化可编程逻辑控制器和工业控制领域的核心能力，尤其是在2007年收购美国UGS公司后，成为全球首家能提供完整且面向整个产品生命周期的软硬件一体化解决方案的提供商，标志其业务重心由传统制造业向软件服务转型，而工业软件作为西门子数字化转型的核心，为集团的数字化业务增长作出惊人的贡献。

戚锋介绍，制造业的整体价值链包含前端设计与后端制造，原有的自动化硬件主要集中于制造领域，而在设计环节则缺乏先进性，因此工业软件的价值最早体现在对设计能力的赋能上，可通过先导式的软件设计来引领后续的硬件制造，从而形成"设计先行"的发展路径。同时，西门子打造了一体化的工作平台，对软件进行兼并治理，从而实现设计与制造的无缝连接。

陈宏民总结，从经济学角度来看，数字化转型最重要的价值在于降低沟通成本和决策成本，成本降

① 乌力吉图，王佳晖.工业物联网发展路径：西门子的平台战略［J］.南开管理评论，2021（5）：94-104.

低后自然会出现新市场。西门子既是甲方也是乙方，既有硬件也有软件，一方面软件可在生产过程中对硬件赋能，令硬件更有价值，另一方面硬件场景推动软件开发能始终紧跟市场变化，令软件更具市场竞争力，最终软件与硬件形成了相互赋能、持续迭代的良性循环。

2. 发挥知识的价值：实现制造场景与工业软件的双向赋能

麦肯锡认为，知识自动化是知识使能和生成领域的重要革命，智能系统可更好地实现工业技术、经验的传承和更新，将人从重复性生产劳动中解放出来，更多地从事创新性活动，从而极大提升生产力发展水平。在传统工业生产模式中，工程技术人员需要面对多种工具和系统，工作结果和质量严重依赖人的能力和经验；知识自动化则要求建立统一的软件平台，通过数据和知识的反馈和迭代，推动工业装备智能化水平不断提升。[①]

在快速发展的制造环境中，新智能化产品的出现将帮助工厂持续提升自动化水平，同时新产品、新工艺、新设备也会催生新的自动化需求，譬如将传统手工生产中的非标准自动化转化为标准自动化，以及将多种自动化元素组合形成一条可代替传统手工劳动的自动化产线。例如，在传统工作方式下，通常需要先后经历4次纠错流程，时间较长，循环较慢；如今，西门子可以为软件与硬件建立数字化孪生，即在软件环境中清晰描述自动化需求，在产线的孪生仿真模型中快速进行仿真验证，并通过控制元素组成不

断探索最优解决方案，从而设计出最契合产线、最佳性能、最高性价比的自动化硬件。

戚锋总结，制造是验证所有新技术可行性和有效性的最重要载体。首先，当企业试图建设内部数字化价值链，打通从接受订单到最终交付的全流程时，生产制造就是最重要的交互点，所有其他环节都必须与其建立链接；其次，企业开展创新活动时，必须依据自身的制造实践工作来确定最终可实现的质量和所需的成本，再以此为参照，帮助产品持续实现优化设计。西门子的工业软件能对硬件设计形成有效赋能的核心要素，是其作为具有170余年历史、全球共有几十万名员工的头部制造企业，通过长久从事工业制造所积累下来的知识、经验与数据，以及从行业实践中建立起的市场深度认知和客户需求洞察，从而帮助西门子作出对现在及未来的良好评估，指导内外部团队开展设计、进行试用、快速交付，最终实现规模化和市场化。

在明确以工业软件为发展道路后，西门子发现从三维设计开始，再组织团队开展研发的全工业设计流程具有非常长的时间周期，因此，选择采取兼并策略来推动数字化道路。西门子充分相信自身积累的工业知识的价值，认为即便外部采购的软件产品并非最好，也有足够信心将其提升至最高水平。与其收购已经实现高估值，乃至有所溢价的公司，西门子更倾向于投资那些具有潜力的科技人才团队，并通过以下形式来提供赋能：① 利用西门子的市场资源来扩大软件的使用规模，在验证软件效

果的同时，亦实现利润倍增。② 将西门子的研发创新体系融入软件产品的研发过程中，尤其是要提升市场化以后的质量管控和成果转化效率。③ 将软件产品与西门子现有软硬件技术完美组合，提供一站式解决方案，可带给客户更精简的商务流程、更低的采购成本、更高的系统兼容性等多元价值。

陈宏民认为，西门子通过兼并收购来寻求实现端到端的功能集成，有潜质发展为工业软件零售平台或社区式创新平台等模式，可以更好地发挥平台模式的外部性，扩大网络效应，吸引多方共建生态。

二 从赋能头部企业到赋能中小型企业

1. 从软件平台到行业平台

戚锋与陈宏民在交流中，各自都提及了"平台"对于先进制造的价值。戚锋所说的"平台"是指集成多个软件工具的平台式软件，可帮助业务链上所有参与者实现即时的信息可见和数据共享，以及在虚拟世界中开展交互式的协同创新。陈宏民则更多关注以平台模式来整合市场资源和社会资源，优化资源配置效率，充分发挥规模价值，让所有平台参与者皆能从中受益，其中既包括平台模式的消费互联网或工业互联网，也包括由政府或行业协会搭建的公共服务平台。

虽然这两类平台在形式上大相径庭，但其核心价值都是关于优质资源的有效集中和优化分配。平台式软件侧重于微观层面的企业工作效

---

① 李义章.知识自动化是新工业革命的核心并成为工业软件发展的突破口［J］.人工智能,2021(2): 5-11.

率提升,平台型企业或公共平台则在中观的行业层面、宏观的社会层面来发挥价值。参与者的数量和质量将直接决定平台能否充分发挥价值,随着制造生态逐步拓展、产业链逐渐延长,更多的中小型企业参与到制造生态和创新生态之中,一方面能通过平台模式获得收益,另一方面也能令平台生态更丰富、更完善。

1)微观:由西门子开发运营的云端软件平台

西门子的工业软件可分为两种:一类是工具性软件(如排产软件、设计软件等),旨在赋能员工的个人劳动,以期提升工作效率、优化工作质量、提高个人生产力;另一类是平台式软件(如ERP、MES等),其核心任务是通过合作来提升组织内外部的管理水平和流通效率。平台软件可以有机地组合、联动、协同各种原有的软硬件工具,从而达到更高的整体工作能力,例如生产管理平台通过将排产工具(APS)的计划输出与产线上的实际产能进行对照,并进行快速的协同与平衡,从而实现生产效率的最优化配置。

戚锋认为,在手工生产的时代,工作内容相对简单,生产工具不够优秀,个人生产力有限,因此这种协同合作对组织性生产而言,相对没有那么重要。但进入数字化时代后,数字技术可以对每位员工都定向实现强力赋能,令其生产能力实现成倍上升,可以说智能制造企业的每位员工都是"数字化员工",如果他们没有实现有效的交流合作,整体生产力便会显著下降,且组织将严重缺乏应变能力。从管理角度分析,必须借助软件平台来实现对多个单一数据元的协同式管理,有效连接所有经过数字化武装的员工技能,从而强化合作及沟通效率,提升基于数据的群体决策能力。

尤其在当前全球化布局、专业化分工、协同化办公的产业发展趋势下,平台式软件的作用将日趋显著,不仅能作用于实体产线上、工厂内、公司内的生产协作,更能有效联结来自不同企业、不同行业、不同区域的工作者。例如,西门子自动化硬件产品工程师利用西门子PLM工业软件平台可有效连接分布于全球二十几个国家的数千多名设计师,每个人都能在该平台上对产品持续进行设计优化,并依托多元化和本地化的优势,来确保这种协作式设计过程的顺利推进。

随着互联网和云计算的发展,软件能够被上传至云端,远程开展工作,从而借助云端资源为不同规模及类型的客户提供服务。云端布置的最大优势是用户能始终与设计研发团队保持同步的使用体验,结合西门子在云端布置的辅助功能工具模块(如基于OpenAI技术的新产品功能),可将设计时间缩短至传统模式的一半以上。而从使用成本角度分析,云端布置的模式能帮助企业节省大量的硬件投入费用,甚至可以采用订阅式的支付模式来将软件维保和修补工作交给原厂商,从而在一定程度上消弭不同规模、不同资源、不同需求的企业在财务采购能力上的禀赋差距。

戚锋认为,尽管目前仍有不少企业对于远程使用、远程存储的云端工业软件存有各方面的疑虑,但其实云端布置必然是未来的大势所趋。西门子可根据客户的实际设备条件和对数据安全的不同要求,提供纯云端软件,或是提供本地布置和云端布置组合的混合式云,对云服务存有顾虑的客户可以先采用混合布置模式,初步体验云端的先进算力,再伴随基础设施和公用服务日渐成熟而逐步迁移至纯云端布置。

2)中观:满足多元化诉求的行业服务平台

制造业的数字化转型通常依循自动化、信息化、数字化、智能化的发展次序,即先通过机器换人来提高产能产效,逐步将生产活动转化为数字形式,进而寻求端到端的数据连通和协同办公,最终依托数据和算法来辅助决策。但对于个体企业来说,由于所处发展阶段、主要发展任务、现有数字化条件各不相同,因此其开展数字化转型的主观意愿和客观需求相应地存在差异,愿意为数字化转型投放的资源和可承担的试错成本也不尽相同。陈宏民认为,即使是像西门子这样先进的头部工业软件企业,也会出于资源投放和机会成本的考量,更倾向于服务较大的、主流的、共性的业务诉求,而无法完全满足来自各行各业的中小型企业所提出的多样化诉求。这类长尾需求通常开发成本不高、用户数量不多、交易价格低廉,更适合由具有灵活性的小型软件公司来实现。

戚锋介绍,尽管有些第三方产品经验证后可与西门子的系统兼容,但西门子提供的都是自主开发运营的软件产品,而非致力于打造类似苹果App Store的"工业软件商店"概念。工业是高端、复杂的价值链生态,加之中国制造业已覆盖了联合国所有的工业定义体系,因此市场上会存在五花八门的诉求，亦出现了大量从事软件设计的公司，他由衷希望有朝一日可以出现"工业软件商店"式的平台来满足各种长尾需求。

但他也坦率地承认，现阶段B端软件平台的推进速度会显著地慢于面向C端市场的应用平台，这是因为很多正处于数字化转型中的制造企业难以精准、全面地描述自身的真实需求，故而更希望与有经验的工程师展开对话，在交流中逐步丰富需求、改进方案，因此很难直接开发出一款成熟、标准、普适的软件工具来售卖。即便存在相对标准化的工具软件，西门子仍需根据客户的组织结构和生产过程特点，由专业的咨询团队开展深入沟通，才能充分了解客户的现状及需求，帮助其作出正确决策，为合作双方建立信任基础。严格来说，西门子出售的并不是工业软件，而是完整的帮助客户提升竞争力系统的解决方案，软件只是帮助客户实现功能的应用工具之一。

3）宏观：由政府推动建立的行业生态平台

中国的外部生态给不同类型、不同规模、不同数字化基础的制造企业提供了完善的发展环境。一是来自政府的制度性支持，中国政府对数字化转型和智能制造的支持力度是全球领先的，不仅在金融方面提供最大优惠，也在技术传帮带方面给予鼓励，并依托智能制造协会来对中小型企业提供诊断和建议。二是来自市场的多元化供给，除了以西门子为代表的工业软件巨头外，也有各式各样的小型软件公司来满足中小型企业对数字化工具的各种长尾需求，企业可根据自身需求来选择满足特定功能或提供成本优惠的软件工具。

戚锋介绍，他从2023年开始推动西门子以数字技术赋能中国"专精特新"企业的高质量发展。"专精特新"企业具有非常优秀的创新思想，甚至具备在某些细分领域、特定场景、具体功能上超越大公司的潜力；但由于缺乏大公司的先进工具和发展环境，也欠缺足够的行业应用知识，可能会陷入发展困境。近期西门子组建了一支团队为万余家"专精特新"企业提供全方位、全过程的工业软件专业设计和仿真测试服务，从而有效帮助其克服成本高、测试难的痛点问题。在中国重点发展的低空经济赛道中，西门子为无人飞机和电动飞机提供各种天气条件下的气候测试仿真和振动测试仿真，并通过太阳仿真数据来提升可靠性和可驾驶性，这帮助低空飞机飞行的验证周期缩短到一年以内。此外，西门子亦积极与地方政府建立合作，通过自媒体、公益讲座、公益宣贯等传播形式，来进行数字化的"传帮带"，帮助中小型企业加强数字化意识和相关知识，从而能够更好地使用西门子的软件工具来开展创新工作。

陈宏民认为，诸如"灯塔工厂""智造标杆"等智能制造评价体系主要聚焦于具有较高的智能制造水平、成功实现数字化转型并从中获益的企业，但也不能忽视中国仍有大量制造型企业尚处在方兴未艾的初级发展阶段，当前欠缺开展数字化转型的技术、设备、人员、资金储备，亦没有明确的战略规划和发展路径。指导部门设计评价体系时，应更注重阶段化、模块化、梯队化，可对标教育体系的年级和学科分级，帮助更多相对低数字化水平的制造企业在能力范围内开展适度

的、局部的、可短期获益的转型升级，逐步实现自动化、信息化、数字化、智能化。

为了更有效地对多元化、阶段性的发展需求形成支撑，政府应主要做好系统设计、规则监督、平台搭建、资源对接工作，积极培育多类型的智能制造能力供给市场，其中既需要西门子这一类的提供综合性解决方案和高门槛技术工具的头部服务商，也需要能以高性价比满足基础需求、简单需求、碎片需求的长尾服务商，以及有效连接整合不同资源规模、不同技术水平、不同能力禀赋的供应商的交互式协作创新网络。

2. 发挥平台的价值：帮助中小型企业从数字化转型中获益

陈宏民提出，西门子开展工业自动化的软件和理念都很先进，主要服务于数字化程度较高的大企业，从技术、设备到人员、组织都具备相对较好的工业自动化基础。但是当西门子服务于中小型企业时，将会面临更严重的复杂性问题，例如行业领域截然不同、数字化水平参差不齐，必须通过技术升级或咨询服务来弥合差异，从而造成高企的改造成本或沟通成本。这种标准化供给和多样化需求的冲突，普遍存在于服务中小型企业的双跨互联网平台中，也将对工业软件的服务效果及效率造成影响。

因此，制造业需要培育更丰富的行业生态和服务形态，既能通过高度智能化的先进工业软件来提升头部企业的尖端制造能力，也能帮助基础相对薄弱的中小型企业先开展浅层的数字化转型，逐步提升数字化水平。类似于教育体系既要有高等教育也要有中小学教育，且不

同层级的教育能力能够承接，这种阶梯式的服务体系将帮助更多不同类型、不同基础的企业具备开展数字化的条件，并在现有能力基础上寻求实现进阶，从而成为西门子等先进工业软件服务商的目标客户。

戚锋认为，大型企业和中小型企业开展数字化转型分别具有不同的优势和路径：大企业具有更完整的数字化基础，可通过整体解决方案来取得显著的转型效果，小企业或许不会尝试综合性的数字化转型，而是基于某个局部生产环节或具体业务需求进行针对性优化，但胜在纠错能力较快，可以更敏捷地实现迭代。针对不同的数字化需求，西门子积极推进工业软件的云端化、模块化，将原本服务于大型企业的综合性软件拆分成为单一功能的简单软件，从而让中小型企业有机会以相对较低的获取成本和技术门槛来使用原本只有大企业才可拥有的先进技术。推动智能制造成长不只是大企业的责任，整个工业体系中的中小企业同样能够发挥重要作用，且能从中获益。

三 从赋能制造企业到赋能制造行业

1. 西门子的未来战略方向

通过为制造企业提供软件与硬件的组合产品及综合解决方案，西门子有效帮助中国制造业实现降本增效、节能降耗、业务咨询等多元价值。此外，西门子也通过收购兼并或创新平台等形式，帮助更多中国软件企业或技术人员参与到创新生态中来，实现应用场景和业务规模的可观扩张。

与此同时，随着逐渐完善平台

服务和生态体系建设，西门子也帮助制造企业将数字化转型从内部的端到端信息打通延伸至外部行业层面，令供应链上的供应商和经销商得以有效连接。西门子的供应链管理平台是行业上下互联的重要工具，确保数以千计的国际零部件供应商能够及时地对中国的十几个西门子工厂提供支持，西门子也能通过同样的供应链体系来将产品分销给经销商。

在全球化的趋势下，西门子对客户的帮助已从软件和硬件延伸到为跨国公司成功"出海"提供支持。例如，支持中国企业设计并生产出更符合国际设计理念的工业产品，帮助以国产原材料制造的产品能实现境外合规，依托全球网络来提供销售或售后服务等。

戚锋介绍，西门子在未来将主要侧重于以下三大战略方向：

1）低碳绿色可持续制造

达沃斯世界经济论坛与麦肯锡联合认证的"灯塔工厂"鼓励以降本增效为诉求的端到端工厂，亦关注以绿色低碳为经营方针的可持续工厂，这概括了智能制造的两大发展导向。西门子持续在自动化领域投入以低碳可持续发展为标准、支持绿色制造成长的核心制造技术，包括更节能的设备和更先进的控制系统，希望推动制造行业在消耗更少资源和能源的同时，生产出更多数量、更好质量的产品。

戚锋认为，一个可持续发展的企业，一定能让自身产品符合低碳、绿色、环保的国际环境要求，并将其销售到全世界。例如，如果电池企业能获得"可持续灯塔"的标签，那么它的碳指标一定能够符合欧盟的标准要求，从而能以更低的优化成本进

入欧盟市场。未来无论是电池、汽车还是家电，所有产品都需要具有碳的"身份证"，因此西门子研发了基于区块链的产品碳足迹可信精算与追溯解决方案SiGreen，以ISO 14067等产品碳足迹国际标准为基准，通过工业边缘计算，精确追踪控制器产品生产过程的碳足迹。例如，电池企业在设计电池时，该软件可根据原材料组成成分，自动计算出全生产过程中的碳足迹，并依据相关的产品国际标准，测算可否达到国际标准。

同时，西门子也积极服务于比亚迪、宁德时代、国轩高科等中国新能源领域的头部企业，助力中国制造业的绿色化转型。在世界范围内，中国的电池行业拥有最优秀的创新能力、最快的制造速度、最好的制造成本、最好的制造效率，西门子则可通过有效组合软件与硬件技术来为电池行业的客户赋能，提供全价值链的服务输出和解决方案，帮助其建立整体、持续的市场应对能力，从而始终保持市场领先地位。

2）工业人工智能

西门子是第一批融入深层次人工智能的工业软件企业，目前已在全球各个业务部门形成先导团队，力求借助人工智能技术，将PLC工控硬件和工业软件提升到新层次，帮助客户提升生产设计的效率与能力。例如，西门子为NX CAD软件配备了先进的人工智能助手，帮助设计师提升设计效率、减少重复设计时间；在仿真阶段引入工业人工智能，将传统仿真经验与数学模型相结合，从而更快了解新产品、新设计的性能和可持续性能否达到要求。

2024年汉诺威工业博览会期间，西门子展示了首款工业生成式

人工智能产品——西门子Industrial Copilot。该产品能帮助工程团队为可编程逻辑控制器生成基础的虚拟化任务和代码，并自动处理重复性任务，在大幅减少工程团队工作量的同时，保证复杂任务的工程设计不易出错，从而缩短开发时间、提高质量和生产率。在未来，Industrial Copilot将赋能不同规模的工业客户，利用工业生成式人工智能的强大功能，实现企业运营的转型。

3）工业元宇宙

2023年，西门子在德国安贝格工厂投资近10亿欧元，与英伟达、亚马逊、微软、思爱普等合作伙伴共同建成了全球首个工业元宇宙园区。通过将工厂现实与虚拟模型进行交错展示，开展实时的数字化分析，赋能工作人员开展工作，例如，工程师可通过穿戴式眼镜来查看设备的故障、维修、配件更换情况，并结合仿真预测模型，实现预测性维护，防患于未然；设计师可在逼真的虚拟环境中，借助多学科集成的知识体系和算法模型进行仿真设备制造，从而颠覆原本顺序式的工作流程，实现快速的迭代、优化、提升，从而大幅提升设计效率、降低试错成本。

戚锋认为，元宇宙技术的工业场景主要来自以下方面：①设备管理：提供数字化、信息化的增强互补，来帮助决策者获取更丰富广泛的参照信息。例如，通过提供设备的过往信息和未来预测，来更高效地开展质量管理和维保管控。②生产优化：在三维虚拟环境中开展生产、培训等工作，快速提升产出效率。例如，工人佩戴可穿戴眼镜后，可以清楚地设计并分解工作路径，从而更精准地完成生产操作。③协同办公：通过虚拟环境进行全球化、协同式的工厂运营和产品设计。例如，西门子希望在手工产线上添加一个机械手，就可以由工厂的工程师连同设备供应商的设计师来开展远程协同工作，设计师在自有软件上快速设计机械手后，能够将其直接安装到孪生的虚拟产线上进行测试仿真。

2. 发挥连接的价值：实现数字化生产的最优先任务

戚锋认为，在当今的互联网时代，无论什么规模的制造企业，都应将工业互联网和工业物联网视为最基本的基础设施。实现联网后，就能增加制造过程的透明度，打破过去只有本地功能可见的信息孤岛，即便身在远程也能及时了解情况并纠正错误。通过将传感器与工业互联网基础设施相结合，可推动互联网具备数据采集能力，借助合作软件和工业信息化系统与期望值进行对标，就能了解自己当前所处的水平，并形成下一步改进方案和行动计划。随着企业在良性循环中不断提升技术标准和规格要求，就会更加认识到数字化意识的重要性。"连接"是制造企业实现数字化生产的必然基础，企业应将建设工业互联网的基础设施、加强工厂设备的可连接性列为优先任务，其优先级甚至更高于购买先进工业软件或学习先进管理方法。

基于云的开放式工业物联网操作系统Insight Hub，是西门子工业物联网强大生态系统的核心。该系统拥有数据连接和分析的功能，拥有可供开发人员使用的工具，能够快速高效地收集和分析工业现场的海量数据，从而为企业提供突破性的业务洞察和决策支持，提高设备、工厂和生产线的性能并进行优化；亦支持企业开发、部署和运营数字化服务，创建自己的应用程序，甚至是全新的业务模式。以工业物联网平台为载体，西门子的组织形式从原本的垂直一体化组织向垂直网络组织演变，从而围绕平台形成了"平台+互补企业"的生态系统。通过工业物联网平台，西门子能作为系统集成商，有效整合碎片化资源，从而为客户提供整体解决方案。[①]

陈宏民认为，建立连接是数字化转型的基础，随着不断提升信息利用率、不断挖掘数据价值，工业互联网所需要的连接密度和幅度也会越来越大。这种信息连接不仅仅存在于组织内部，也将因社会化生产和专业化分工而延伸至外部供应链，实现企业与上游供应商、下游经销商、终端消费者、政府监管部门等相关方面的信息实时连通和及时响应，从而提高生产效率、物流效率、决策效率、协作办公能力、敏捷响应能力。然而在实际场景中，由于数据流的标准和规格、信息传输的接口和速度、所采用的软件平台等方面都可能存在软件或硬件不兼容的问题，从而出现信息孤岛、数据孤岛。政府主管部门应与头部企业共同制定一致的数据格式标准和管理体系，并推动更多不同类型、不同规模的服务商参与到生态中，促进信息流在中国制造行业的顺畅流通，从而扩大数据资产的使用价值。

① 乌力吉图，王佳晖.工业物联网发展路径：西门子的平台战略［J］.南开管理评论，2021（5）：94-104.

3. 发挥数据的价值：测定数据安全与数据集中的边界

陈宏民将面向B端的工业互联网和面向C端的消费互联网进行比较，提出两者发展速率存在显著差异，这主要来自对隐私保护具有不同的重视程度。中国消费者相对不那么关注隐私保护，愿意以牺牲部分个人隐私为代价来换取便利服务，再加上海量的数据规模和便捷的数据流通，从而推动中国C端互联网得到迅猛发展；但对于面向B端的互联网平台而言，企业会更加关注自身的隐私权利和商业机密，对数据泄露、信息泄露所造成的安全问题存在担忧，这限制了数据的使用效率。企业数据最初以自用为主，但随着跨部门、跨组织、跨区域业务逐渐展开，更多主体将参与到数据的共享使用中来，数据流通更趋频繁。其中不仅有公司内部部门或子公司之间通过共享数据来实现"研发—制造—销售—售后"的端到端数据打通，也有企业与企业间的数据流转和协同办公。西门子在赋能中小型企业时，采用更灵活的云平台模式，企业可通过远程接入来使用多种软件工具和平台服务，因此必须为使用者创造绝对安全的技术环境。

戚锋认为，客户数据或产品数据都是企业最重要的生命资产，随着数据化的业务交流成为产业持续合作的必然组成部分，企业在开展数据的内部共享或外部共享时，必须借助独特的技能、产品、门道来加强对数据资产的保护力度。西门子在开展业务中不仅要严密保护自有数据，也要根据全球各国法律来保护客户授权数据的安全。

基于工业环境的复杂性，特别是数字化工厂、工业互联网平台等新一代工业互联网的发展要求，亟待构建多层次、立体化的信息安全防御方案。西门子提出"纵深防御"的安全理念，由沉入检测系统（IDS）、防火墙、防病毒等多道防线实现协同工作，守护工厂安全、网络安全、信息系统安全。西门子的工控态势感知系统（OSA）利用人工智能、风险情报分析等技术，采集工控设备中与信息安全相关的数据，进行全面、深入的安全智能分析，最终以多视图、多角度、多尺度的方式展现工控网络的安全态势，目前已应用于国内外多家大型工厂。西门子（中国）有限公司副总裁兼首席网络与信息安全官胡建钧认为："虽然工业环境的确定性高，构建安全模型和分析相对比较简单，但最核心的底层数据获取环节才是行业知识壁垒，如果信息安全厂商不了解工业的底层逻辑，就无法针对不同的原生问题给出相应的解决方案和策略。"

但从另外一面来说，要充分发挥数据的规模价值，就必须有效开展数据的共享与流通，持续提升数据的集中化程度。以基于核磁共振、CT、B超等影像资料的医学诊断为例，过去主要依靠医生的个人经验来进行诊断，未来则可能通过对海量的历史影像资料和相应的后期治疗方案进行大数据分析来实现智能化诊断，从而提高诊断的效率、准确率、可复制性，令更多人群得以享受高质量的医疗服务。该医学诊断技术进步的本质是将先验概率转化成后验概率，前提则是各家医院的病历和影像资料能够有效集中，并且具备较高的标准化程度。尽管这种数据集中可能涉及商业机密和患者隐私，但从长远来看无疑对医院、患者、设备制造商等多方都有好处。

陈宏民认为，数据安全应该得到保护，但过度保护，或过度脱敏后则可能伤害数据的实际使用价值。未来从数据自用到数据共享的转型一定是由平台引领的，而西门子作为充分了解用户需求与供给的工业软件服务商，应当有能力找到数据安全和数据集中的边界，在不伤害企业的基础上给其他企业创造价值，从而引领制造业更好地发挥数据价值。

戚锋则认为，工业企业留下或可使用的数据往往都是最有价值的资产，且已为之付出了大量的时间和成本。这些新技术、新工艺、新设计将是帮助企业在竞争中取得优势的核心资产，企业不仅没有与他人分享数据的充足动机，甚至希望自有数据能够极度保密。西门子作为工具提供商必须尊重客户的需求，致力于提供最好的硬件和软件工具，而并非通过这个过程保留客户使用的数据，并将数据作为商业模式进行分享。不过随着国家日益提升对数字资产的重视程度，强调对企业数据的尊重和保护，加强对交易数据和使用权限的管控，相信当技术环境和规则环境更加完善后，企业将有能力在正常安全条件下，更好地开展数据的交换和交流。

四 对中国工业软件及智能制造发展的启示

郭刚等人的研究提出，我国工业软件总体表现为产品类别较全，但软件企业整体实力不强，软件产品主要集中在例如OA（办公自动化软件）及CRM（客户关系管理）等多种低门槛的软件类型上，国外软件产品仍是主流。在研发设计类软件中，国产软件占比最低，只占到市场5%的比重，且多数研发设计类工业软件仅应用于系统功能单一、工业机理简单、产业复杂度较低的领域。目前，中国工业软件行业普遍存在技术受到限制、研发投入不足、专业人才稀缺、知识产权保护滞后等显著问题。[①]

作为全球工业软件领域的引领者，西门子积极促进硬件与软件的协同发展、构建开放式的创新生态、关注前沿技术领域的探索和应用，这些努力都值得中国的制造企业和工业软件企业学习借鉴，也对相关政府部门推动国家智能制造发展和生态建设有显著的参考价值。

1. 以制造场景为抓手，发挥技术与知识的价值

西门子从全球领先的制造企业转型为工业软件服务商，核心竞争力在于有效融合了硬件领域的技术知识基础和软件工具的创新研发能力。从长期来看，技术工具的价值必然是解决具体问题、实现改善目标；但从短期来看，很多前沿技术（例如数字孪生、工业元宇宙等）暂时缺乏明确的价值转化效果，或是需要伴随技术能力持续提升，才能淋漓尽致地展现真正价值。

"数据"和"场景"是促进数字技术发挥价值的关键资源。西门子持续推进业务转型，坚持以自动化硬件来集成先进工业软件，服务于客户企业开展全面数字化转型；依托实体制造单元，为多种先导技术提供充足的测试场景、关键数据、经验认知，这种沉淀知识也将为西门子带来可持续的竞争优势。随着生产活动趋于专业化和社会化，产业链结构由链状向网状演进，未来将有大量的碎片式知识因受限于组织壁垒而无法充分发挥价值。如何跨组织、跨行业、跨区域地整合这些"知识碎片"，可能成为未来工业互联网平台取得突破的关键点。

2. 以数据资源为牵引，建设功能服务平台

借鉴中国消费互联网平台的发展历程，互联网经济之所以能在中国得到迅捷发展，主要得益于由巨大人口规模所带来的规模经济，以及由海量的使用者和交易频次所带来的海量数据，能更快速地进行算法迭代，从而实现精准的用户画像和服务推送，帮助零售企业开展市场分析、优化产品结构，也帮助物流企业规划物流系统、分配物流能力。

以此为鉴，中国工业互联网的转型升级也应充分发挥制造业的市场规模和数据规模优势，由政府联合行业协会、头部企业建设多类型、多模式的功能平台，寻求逐步实现服务共享、技术共享、信息共享、数据共享、产能共享，优化全行业资源的使用效率。在加速培育技术要素和数据要素的同时，也要同步加强相关的权益保护制度建设和安全技术能力建设。

3. 以长尾业务为聚焦，构建开放式的创新网络

工业软件的未来增长方向，一是朝着"更强"，即借助数据与算法来持续提高对制造业务的赋能能力；二是朝着"更广"，即不断扩大在全产业的应用范围，尤其是帮助数字化基础各异的中小型企业实现数字化转型。头部企业势必难以满足全部的长尾需求，因此需要引入更丰富的合作伙伴或服务商，来面向日渐多元化、细分化、个性化、灵活化的开发需求。

应探索建立协同式的创新网络，以头部企业（或联盟）作为业务核心和标准制定者，并发挥平台模式和连接技术的优势，提升链主企业与生态合作者的协同效率。中小型的软件企业，或独立开发者在协助头部企业满足长尾需求的同时，也能不断强化业务能力、迭代技术工具、拓展行业认知。对于业态模式多元、数字化程度各异、持续发生变化的中国制造业而言，建设开放式的创新生态具有重要意义。◆

【嘉宾介绍】

戚锋，博士，现任西门子工业软件高级副总裁，负责西门子工业软件数字化产品和市场战略。戚锋早年留学英国，供职于麦肯锡英国，曾长期在英国、德国从事制造业的信息化和MES系统的规划与实施事业。在英国的航空业、制药业及德国的汽车、机械装配业领域具有资深的实践经验。

戚锋于1986年毕业于西安交通大学，1992年获得英国格拉斯哥大学博士学位，有着深厚的学术底蕴，是英国皇家工程师协会高级会员。1996年获得伦敦威斯敏斯特大学MBA学位。2011—2016年，戚锋担任西门子MES中国区总经理，在中国推动西门子的"两化深度融合"战略及工业自动化和数字化技术，帮助中国企业在规划实现"MES信息化系统"方面作出杰出贡献。戚锋分别参与西门子成都、南京数字化工厂的设计和实施过程，目前也负责西门子工业软件产品集成、工业人工智能技术及工业元宇宙技术的应用和推广。

---

① 郭刚，鲁金屏，窦俊豪，等.我国工业软件产业发展现状与机遇［J］.软件导刊，2022（10）：26-30.

智能制造与智慧睡眠的融合与创新

采访嘉宾：姚吉庆　执笔：杨云鹏

摘要

随着全球数字化浪潮的推进，床垫行业正经历着前所未有的变革。笔者通过采访慕思健康睡眠股份有限公司副董事长、总裁姚吉庆先生，深入探讨了数字化转型如何重塑床垫行业，特别是智能制造与智慧睡眠的融合对行业的深远影响。通过案例分析，揭示了慕思公司如何通过理念创新、技术创新、数据驱动和品牌战略，实现从传统床垫制造商向智慧健康睡眠解决方案提供商的转型；讨论了慕思在智能制造与智慧睡眠、大规模个性化定制、数据驱动营销和客户体验升级方面的具体实践，以及这些实践如何为整个行业提供发展启示。

关键词

智慧睡眠；智能制造；大规模个性化定制；数字化转型；数据驱动

【作者简介】

姚吉庆　慕思健康睡眠股份有限公司副董事长、总裁。

杨云鹏　上海交通大学安泰经济与管理学院助理研究员，行业研究院数字化平台团队成员。

一 引言

数字化转型已成为各行各业的必经之路，在智能家居行业这一趋势尤为明显。智能家居，作为融合了人工智能、物联网、大数据等前沿技术的新兴领域，正逐步改变着人们的日常生活。随着全球数字化步伐的加快和消费者对优质生活标准的日益追求，智能家居设备不仅增强了居住环境的舒适性与便捷度，同时也为用户提供了更加定制化和智能化的生活方式。据国际数据公司（IDC）的分析，预计全球智能家居行业的市场规模将以年均超过10%的增长率扩张，将在2025年突破1 500亿美元。这一增长不仅体现在市场规模上，还在于产品种类的丰富和功能的完善。

对于智能家居领域的软装家具企业而言，数字化转型不仅是一次技术升级，更是一次深刻的业务流程重塑和管理理念变革。慕思的数字化升级之路，正是这一变革趋势的生动体现。其通过数字化升级更精准地捕捉市场动态、更快速地响应消费者需求、更有效地优化生产流程，不断在智慧睡眠与智能制造领域深耕和创新，已成为行业数字化转型的典范之一。尽管数字化为企业带来了诸多机遇，但也伴随着不少挑战。技术集成的复杂性、数据安全和隐私保护，以及对传统业务流程的重塑等，都是企业在转型过程中需要面对的关键瓶颈和难点问题。针对这些问题，笔者采访了慕思健康睡眠股份有限公司副董事长、总裁姚吉庆先生，首先梳理行业发展特点与数字化趋势，然后深入分析慕思在数字化升级过程中的具体实践，探讨其如何通过技术创新和服务升级实现业务的持续增长和品牌的升级发展，最后通过慕思数字化转型之路提出对其整个软装家具行业智能化发展的启示。

二 行业特征与数字化趋势

（一）软体家具行业规模与床垫市场格局

全球软体家具行业已形成庞大的产业链和市场规模。行业起源于20世纪初欧洲工业化浪潮，得益于技术革新、消费者购买力的增强及市场需求的演变，加之全球化趋势和国际贸易的促进，市场规模持续增长，呈现出稳定上升的态势。据米兰工业研究中心（CSIL）统计，2013—2022年，全球软体家具消费规模从612亿美元增至约800亿美元，年复合增长率为3.02%。中国软体家具产业自20世纪80年代起步，通过引进国际先进技术、优化工艺、发挥劳动力和产业链优势，逐渐成为全球最大的生产和消费国。进入21世纪，国内企业积极引进技术，提升产品质量和生产效率，丰富产品风格，并拓展国际市场。在2019年，中国在全球软体家具制造领域占据领先地位，其产值在全球总产值中的比例高达46%。根据CSIL数据，2020年中国软体家具产值和消费分别占全球的45%和28%，年产值从2010年的189亿美元增长至360亿美元，年复合增长率为6.03%。需求增长的主要驱动因素是巨大的人口基数、人均家具消费的逐步增加、可获得收入的增加、人口的增长和城市化的发展。

随着消费者对高质量睡眠的追求，以及床垫行业在材料、技术和设计方面的不断创新，全球床垫市场近年来呈现出稳健的增长态势。据CSIL的报告，2011—2022年，全球主要经济体的床垫消费市场规模实现了从227亿美元到310亿美元的增长。从全球床垫行业的区域分布看，亚太地区的市场份额最高，占比约40%；其次是北美地区，市场份额约30%；紧随其后的是西欧地区、中东欧地区、南美地区，市场份额分别约18%、6%、5%。全球床垫市场的主要参与者包括IKEA、Tempur Sealy International、Serta Simmons Bedding、Sleep Number、Hilding Anders、Ashley Furniture Industries、慕思、喜临门、梦百合和Hooker Furniture等。这些公司在全球范围内拥有广泛的分销网络和品牌影响力，通过不断创新和满足消费者多样化的需求来保持市场领先地位。

（二）床垫市场竞争格局与趋势分析

我国床垫行业起步时间较晚，但行业规模增长迅速。根据国际睡眠产品协会（ISPA）数据，2011—2019年中国床垫消费额年复合增长率（CAGR）为12.2%，中国已经超越美国，成为世界上最大的床垫市场。多年来，我国作为全球最大的床垫生产和消费国之一，床垫生产总值和消费规模持续上升。截至2022年，我国床垫行业市场规模约为729亿元，涵盖了弹簧、乳胶、海绵、记忆棉、棕榈及智能床垫等多样化的产品类型。其中，弹簧床垫是最大细分市场。我国海关总署出口数据显示，2015—2023年，中国床垫及类似产品出口额从70.02亿美元提升至92.01美元，年复合增长率为3.47%。根据Statista的预测，从2020年到2025年，中国床垫市场的年均复合增长率预计将达到6.57%。根据市场研究机构Mordor Intelligence统计，2024年中国床垫市场规模为152.1亿美元，2029年将增至238.4亿美元，年复合增长率为9.40%（见图1）。

USD 23.84 B

USD 15.21 B

2024年　2029年

图1　2024—2029年中国床垫市场规模预测

（数据来源：Mordor Intelligence）

床垫的渗透率、更换周期与城镇化率存在正相关关系。由于我国床垫行业起步晚，居民收入增长和城镇化进程的推动尚需时日。与发达国家相比，中国床垫行业的集中度、市场渗透率和产品更换周期仍有提升空间。据Furniture Today的数据，2020年美国前五大床垫品牌的市场份额合计为51%，而中国仅为21.29%，国内品牌尚未在全球市场上形成显著影响力，且行业进入门槛相对较低，主要采用经销模式。根据CSIL的统计，发达国家的床垫渗透率大约为85%，而中国只有60%，显示出中国床垫市场有进一步增长的潜力。《2021床垫新消费趋势报告》指出，中国约有50%的受访者床垫使用年限超过5年，而美国约70%的家庭平均每3年更换一次床垫，这表明中国消费者对健康睡眠和床垫更新的认识有待提高。国家统计局的数据显示，2023年我国的城镇化率为66.16%，低于发达国家的80%～90%。随着我国城镇化率的逐步提高，新住房和现有住房的翻新需求将增加，从而扩大床垫市场的潜在消费者基础。在行业整合和发展阶段，预计床垫行业的渗透率和集中度将得到提升。领先的品牌在技术创新、产品创新、规模化生产、服务升级和渠道建设等方面具有优势，在行业升级过程中发挥引领作用，将进一步强化马太效应，巩固其市场地位。

（三）行业发展趋势与数字化转型的紧迫性

消费者对现代床架和床垫搭配的接受度逐渐提高，健康睡眠正逐渐成为人们选购床垫的重要参考指标。随着社会的发展和生活水平的提高，消费者在选购床架和床垫时越来越注重整体的协调性和设计的现代感。现代床架的设计往往与床垫的功能和舒适度相结合，以满足人们对高质量睡眠环境的追求。这种趋势表明，消费者越来越倾向于选择那些能够提供健康睡眠体验的产品。健康睡眠的概念已经深入人心，成为人们在购买床垫时考虑的重要因素之一。人们开始意识到，良好的睡眠质量不仅能够提高日常生活的舒适度，还对身心健康有着重要的影响。因此，在选择床垫时，消费者往往会考虑其是否能够提供适当的支持，是否有助于维持正确的睡姿，以及是否能够适应不同的睡眠习惯等。此外，随着科技的进步，越来越多的床垫产品开始融入了先进的技术元素，如记忆棉、智能调节等，这些技术的应用进一步提升了床垫的舒适度和健康性。消费者对这些高科技床垫的接受度不断提高，他们也更愿意为能够提供更好睡眠体验的产品支付更多。因此，软体家具尤其是床垫行业已呈现高度市场化和快速智能化的趋势，在行业未来趋于品牌化和智能化的竞争趋势下，行业竞争力将更多地体现在品牌建设的重要性、销售渠道的多元化、设计研发的创新性，以及数字化和智能化水平等方面。

一方面，软体家具作为耐用消费品，品牌认知度成为企业赢得市场的核心竞争力。品牌影响力是企业长期经营的结晶，涵盖企业形象、产品创新、质量控制、客户服务及营销网络建设等多个维度。品牌知名度对消费者购买决策产生深远影响，行业领先企业已通过持续努力建立了强大的品牌影响力，享有市场的高度认可，为新进入者设置了难以逾越的门槛。而销售渠道是软体家具企业竞争的关键资源，完善的销售网络对于品牌推广和市场份额扩张至关重要。随着电子商务的兴起和精装房、整装业务的增长，销售渠道正向多元化发展，包括传统的经销模式、电商新零售、整装和家装等。领先企业通常拥有广泛的销售网络，实现了线上线下的无缝融合，为消费者提供了便捷的购买渠道和优质的售后服务。

另一方面，在软体家具领域，采用人体工程学原理和智能化技术进行产品设计和开发，已成为企业实现产品差异化和保持技术优势的关键策略。这些设计创新不仅塑造了产品的品质和市场价值，还对产品的市场定位产生了深远影响。面对消费者日益增长的多样化和个性化需求，原创设计和技术创新已成为推动软体家具制造业发展的核心动力。因此，企业的技术实力和人才储备是其在产业升级和市场竞争中取得成功的关键因素，将直接决定企业在产业升级过程中，是否能够有效角逐出圈。随着科技的快速进步和消费者需求的持续演变，床垫行业正在经历一场数字化和智能化的革命。首先是数字化营销策略。企业需要构建一个全面的数字化营销体系，包括在线引流、门店信息化管理及供应链和售后服务的数字化，以提高整体运营效率。其次是技术应用与数据管理。床垫的生产过程涉及复杂的工艺流程和大量的数据管理。企业需要解决技术集成和数据整合等挑战，以确保生产流程的高效和准确。然后是定制化生产与高效交付。为了满足消费者的个性化需求，同时保持规模化生产的优势，企业需要在生产、供应链和物流等各个环节实现动态的联动管理。最后是全面提升数字化、智能化运营能力。为了在激烈的市场竞争中保持领先地位，床垫企业必须增加对研发的投入，全面提升其在数字化和智能化运营方面的能力。这不仅包括采用最新的技术来改进产品设计和生产流程，还包括利用数据分析来优化市场策略和提高客户满意度。通过这些措施，企业可以更好地适应市场变化，满足消费者的需求，并在竞争中保持优势。

中国睡眠经济市场规模的增长，以及智能家居和"互联网+技术"的融合，为软体家具行业带来了新机遇。根据艾媒咨询的调研报告，从2016年到2022年，中国睡眠经济的市场规模实现了显著增长，从2 616.3亿元攀升至4 562.1亿元。预计到2030年，这一数字有潜力突破万亿大关。随着年轻一代对居家产品品质要求的不断提高，对健康睡眠理念的不断认可，消费者在优质品牌与高品质的睡眠产品上投入资金以改善睡眠质量的意愿和需求不断增强，以床垫为代表的软装家具行业将向更加个性化、智能化、高端化的方向发展。根据中国消费者报社发布的《2022国产中高端床垫消费者满意度调查报告》，消费者对床垫的智能化功能表现出了浓厚的兴趣。大约90%的受访者表示他们对床垫的智能特性感到关注，特别是那些希望体验多功能床垫的消费者，占比高达44.7%。此外，拥有更多先进技术和专利的床垫，如材质优良和智能化程度高的床垫，也受到了消费者的极大关注，这一比例占58.5%。这表明，随着科技的发展和消费者对健康睡眠需求的增加，智能化床垫正逐渐成为市场的新宠。同时，数字化转型和环保意识的提升也推动了软体家具行业向更环保、可持续的方向发展，新兴技术如智能家居和人工智能为行业的创新和细分市场的发展提供了新的动力。这些趋势预示着软体家具行业将朝着更加品牌化、规模化的方向发展，同时也强调了环保和可回收材料使用的重要性。

三　智能制造与智慧睡眠的理念创新与应用实践

（一）慕思公司概况

慕思成立于2004年，专注于为客户提供中高端健康睡眠产品及服务。作为健康睡眠系统整体解决方案的服务商，慕思集研发、设计、生产、销售、服务于一体。其主要产品包括床垫、床架、沙发、床品等，其中床垫和床架是公司的核心产品。从2015年开始，慕思就抢抓数字化转型机遇，投入超20亿元打造软床行业首个数字化睡眠产业基地，并先后与西门子、舒乐、ABB、IBM、礼恩派集团等世界一流企业合作，引入了全球先进的智能化设备和工业流程，最大限度地实现了制造过程的工艺数据化、生产自动化、信息流自动化、物料流自动化，打通了从客户下单到产品交付的全数字化业务流程。在2023年，慕思实现营业收入55.79亿元，虽与2022年同比下降4.03%（2022年营收为58.13亿元，2021年营收为64.81亿元），但归属于上市公司股东的净利润达到8.02亿元，与2022年同比增长13.25%；经营活动产生的现金流量净额为19.35亿元，与2022年同比增长198.82%。

（二）颠覆式创新理念：从"三明治"弹簧床垫到智慧健康睡眠生态系统

慕思在床垫行业中进行了颠覆性的创新，从传统的"三明治"弹簧床垫转型为智慧健康睡眠生态系统。自Simmons席梦思1870年发明世界上第一张弹簧床以来，床垫行业的发展已有上百年历史。传统的"三明治"弹簧床垫,为垫层在下、弹簧在中、上面再覆盖垫层的结构,这一基础结构在全球范围内得到了广泛的应用。弹簧床垫的稳定性好,其在技术、材质、环保及设计等方面经历了不断的技术革新与材质升级。① 弹簧技术的革新:从最初的整网弹簧到后来的独立袋装弹簧,弹簧床垫在支撑性、抗干扰性和贴合人体曲线方面取得了显著进步。② 垫层材料的多样化:垫层材料的选择越来越丰富,包括记忆棉、乳胶、棕榈等多种材质。这些材料不仅提升了床垫的舒适度,还对人的健康有益处,如记忆棉的慢回弹特性有助于缓解身体压力,乳胶的透气性和抗菌性则有助于保持床垫的清洁和干燥。③ 环保与可持续性:随着环保意识的增强,越来越多的床垫制造商开始采用环保材料,如可回收的弹簧、有机棉和天然乳胶等,以减少对环境的影响。尽管传统床垫在技术革新与材质升级上有所进步,但其功能定位的局限性导致其设计理念并没有发生本质变化。慕思总裁姚吉庆提出,消费者需要的不是"一张床垫",而是"健康睡眠"。慕思用睡眠重新定义了该行业在此之前对产品的理解,跳出了"一张床垫""一个床架"这样的思维定式。

数字化为床垫带来了新的定义和新的使命——数字健康与智慧睡眠。根据世界卫生组织提出的《数字健康全球战略(2020—2025)》,数字健康领域涵盖了运用数字技术以促进健康的相关理论运用与实践。这包括了数字技术在消费者智能设备和互联设备中的广泛应用,以及其在健康领域的众多

创新应用。其中,大数据技术的应用,能够通过收集和分析庞大的健康数据,帮助健康领域的有关机构提高服务的质量和研究的有效性。姚吉庆强调"智慧睡眠实际上是重新定义了床垫,重新定义了睡眠产业,一个前景无限的新产业"。慕思顺应数字革命浪潮,将大数据、人工智能等前沿技术应用于健康睡眠产品的研发中,从多年积累的睡眠数据和研究数据中破解健康睡眠的"奥秘",为大众带来更好的健康睡眠解决方案。公司首创"AI潮汐算法"智能床垫,通过近百万份模拟用户的人体数据,打造了一张张更会"思考"的AI床垫。这些AI床垫构造了一个全新的智慧生态系统,搭建起了多链路的睡眠场景,可以通过AI智能技术,识别用户不同的体型、睡姿乃至睡眠状态,从而为用户提供更加个性化的睡眠支持服务,以做到"床适应人"。

慕思致力于开发"健康睡眠系统",并通过持续的软硬件更新迭代,推出了从初代至第八代的睡眠系统产品。2017年,慕思开启了AI睡眠解决方案的自主研发,2022年3月,慕思成立独立的智慧睡眠事业部,开创睡眠科技品牌——慕思智慧睡眠。历经基于基础力学的寝具产品压力分布研究、基于人体工程学与心理学的寝具舒适度研究、基于生理学与人体压力自适应的健康睡眠研究、基于睡眠医学的数据驱动健康睡眠系统解决方案,慕思将人体工程学、睡眠环境学、睡眠医学与智能化技术交叉融合,创新地应用于其产品设计之中,目标是打造并提供行业前沿的智慧健康睡眠系统解决方案,包括应用睡眠生理

驱动AIoT场景技术、医疗级无创脑科学神经调控技术+CBT-I认知行为疗法、鼾声识别和体位性干预技术等。

(三) 渐进式战略布局:从"小规模量身定制"到"大规模千人千床"

1. 技术创新与产品多样化

技术创新是数字化战略发展的核心动力,通过持续的研发投入,不断推动床垫产品的技术革新和功能升级。技术创新使慕思将传统床垫升级为智能睡眠系统,引领行业技术革命。慕思在早期以手工定制床垫满足了小规模市场对个性化睡眠解决方案的需求,随着消费者对睡眠质量要求的提高,其从传统床垫制造商向智慧睡眠解决方案提供商转变,开发了智慧健康睡眠系统。

慕思通过深入研究人体工程学和睡眠医学,结合现代信息技术,开发智能床垫,集成先进传感器和算法,监测和分析用户睡眠模式,提供个性化睡眠支持;通过对用户基本信息和生理指标这些数据的深入分析,洞察用户的睡眠习惯和偏好,从而设计出更加贴合用户需求的睡眠产品。2023年,慕思发布12款全新AI床垫,首创AI床垫与电动床适配组合产品矩阵,其产品开发、评审和产品矩阵如图2至图4所示。在此基础上,慕思还推出智能电动床、速眠系统、酣睡枕、安睡仪、AIoT产品等辅助产品,形成全方位睡眠解决方案,满足用户的多元化需求。

2. 数据驱动与服务定制化

在大数据时代背景下,慕思充分利用数据驱动进行服务定制化,

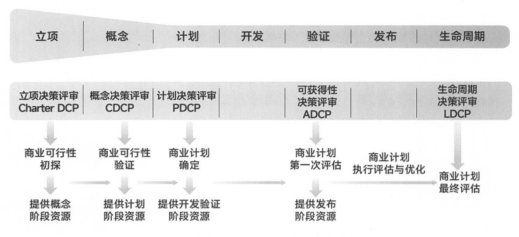

图2 集成产品开发 DCP 业务决策评审流程

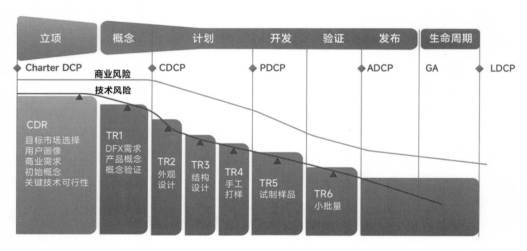

图3 集成产品开发 TR 技术评审流程

图4 慕思产品组合矩阵

为用户提供个性化定制方案。慕思·智慧睡眠提出"1+3+N"的睡眠系统解决方案，通过数据驱动为用户构建健康睡眠全生命周期数字化管理，以达到睡眠产品人性化、睡眠场景智能化、睡眠质量健康化、睡眠慢病数字化，满足日益增长的新消费市场需求，即在全屋智能产业生态上，聚焦1个场景——睡眠健康场景，关注以人为本的睡眠环境、生理和心理3个指标，打造N个产品（产品矩阵）和定制化服务（睡眠质量评估、认知行为疗法和睡眠医学服务等）。

首先，通过智能床垫和其他监测设备收集用户睡眠数据，建立了庞大的睡眠数据库。这些数据不仅包括用户的基本信息，还涵盖了睡眠模式、心率、呼吸等生理指标。其次，通过数据分析平台和模式识别处理睡眠数据，预测睡眠趋势，提供定制化睡眠方案。最后，通过其独创的"潮汐科技"——一种结合人工智能和睡眠算法的调节模型，致力于探索如何将AI系列寝具与睡眠数据相结合，以实现个性化健康睡眠的优化。慕思不仅通过移动应用和在线平台提供实时睡眠报告和健康建议，使用户能够更好地理解和管理自己的睡眠模式，而且通过数据驱动的服务定制化，增强了产品的附加值和用户对品牌的忠诚度。

慕思独创的睡眠研究成果"AI潮汐算法"，是在对20年间积累的超过70万份人体测量数据和每月2万份睡眠报告进行大数据分析的基础上开发的。该算法融合了慕思"六根"（眼、耳、鼻、舌、身、意）睡眠文化，以及自适应调节、睡眠监测、睡眠分期和人体生物节律等多种人工智能技术，以提供更为精准的个性化睡眠解决方案。"AI潮汐算法"在智能床垫方面的应用实例包括智能床垫自动调节和智能闹钟最佳唤醒等。例如，智能床垫可以根据用户的睡眠深度自动调整硬度，智能闹钟可以根据用户的睡眠周期选择最佳的唤醒时刻，确保用户在睡眠的自然周期结束时醒来，提高睡眠质量。以"AI潮汐算法"为底层能力，慕思推出了新一代AI智能科技床垫，可根据不同身高、体型的用户进行精准自适应分区，并针对肩膀、背部、腰部、臀部和腿部等重要部位精准调节，实现"千人千床"，引领用户实现更高质量的睡眠。在2024年的国际消费电子展（CES）上，慕思公司的AI系列T11 Pro智能床垫荣获"智能家居"与"数字健康"两个类别的创新奖项。这一成就凸显了该床垫在设计创新和科技前沿方面的卓越表现，展现了其将大数据和人工智能技术融入智慧睡眠解决方案的先进性。

AI智能科技床垫实例：慕思的AI系列T11 Pro床垫集成了创新的"AI潮汐算法"，并应用了荣获第二十四届中国专利优秀奖的技术——一种功能联动的智能床垫及控制方法。该床垫配备了18组独立气囊，分布于两侧，能够根据用户的体型和睡姿进行自适应调节，为肩膀、背部、腰部、臀部和腿部提供定制化的支撑，以维护脊柱的自然曲线并缓解压力，从而促进更优质的睡眠。此外，床垫还具备按摩、减少打鼾和智能唤醒的功能，满足用户在睡前、睡眠中和醒来时的需求。通过数字技术，该床垫不仅能够监测用户的心率、呼吸、打鼾和身体运动等生理指标，分析并评估睡眠质量，还能生成详尽的睡眠报告。同时，利用大数据技术，床垫能够对用户的慢性疾病风险进行分析，结合用户的地域、年龄和睡眠监测数据，构建预警模型，以评估并预警潜在的健康风险，为用户提供早期的疾病预防信息。

3. 智能制造与供应链优化

智能制造和供应链优化是其战略布局的重要组成部分。面对日益增长的个性化需求，慕思通过智能化改造，实现了生产过程的自动化和信息化。在生产环节，慕思引进了先进的生产设备和自动化流水线，通过工业4.0技术，实现了生产数据的实时监控和分析，提高了生产效率和产品质量。智能制造系统能够根据用户订单的个性化需求，快速调整生产线，实现小批量、多样化产品的高效生产。这种柔性化生产能力使得慕思能够迅速响应市场变化，满足消费者对个性化睡眠产品的迫切需求。同时，慕思还通过数字化手段对供应链进行管理，实现了原材料采购、生产计划、库存管理等环节的高效协同，降低了库存成本和风险。在供应链优化方面，慕思通过建立供应商管理系统，实现了与供应商的紧密合作和信息共享。这种协同效应不仅提高了供应链的响应速度，还增强了慕思对供应链的控制能力，确保了原材料的质量和供应的稳定性。通过智能制造和供应链优化，慕思在保证产品质量的同时，有效降低了生产成本，提高了市场竞争力。

智能制造技术的应用，是数字化升级战略的核心组成部分。首先，通过引入工业4.0的理念，建立智能化数字工厂，实现生产流程的自动化和信息化。例如，在慕思的东莞和嘉兴工厂，通过引入先进的机器人技术和自动化设备，床垫日产量可达5 000张，床架和床头柜的日产量分别可达2 000个和1 200个。这一生产能力的提升，得益于慕思对生产流程的深度优化和智能化改造。其次，在个性化定制和柔性化生产方面，通过集成CRM、SRM、SAP、PLM、APS、MES等系统，实现了订单的一体化生产流程。这种集成化的管理系统，使得慕思能够快速响应市场变化和消费者需求，实现按需定制的C2M商业模式。例如，慕思的床垫产品从接收订单到生产出库的周期，已经缩短至9～15天，这一快速的定制化生产能力，极大地提升了慕思的市场响应速度和客户满意度。最后，智能决策管理平台通过集成WCS、WMS和TMS系统，实现了物料、产品的自动化转运和配送。这一平台的应用，不仅提高了快速供货能力，而且通过系统看板和报表的自动生成，实现了对生产过程的实时监控和分析。例如，慕思的木工车间机加工中心，通过使用大量的自动化机器，将原本需要五百多人完成的工作量减少至30人，这一变革显著提高了生产效率和降低了人力成本。

4. 品牌战略与市场全球化

品牌战略和市场全球化是慕思实现从小规模定制到大规模个性化服务转变的关键。慕思坚持高端品牌定位，通过提供高品质的产品和服务，传递健康睡眠的价值理念；积极拓展国际市场，通过参加国际展会、设立海外分公司等方式，提升品牌的全球知名度。慕思在不同地区根据当地市场的文化和消费习惯，进行了本土化的产品调整和市场策略，以满足不同消费者的需求。这种全球化的市场布局不仅为慕思带来了更广阔的市场空间，也增强了其品牌的国际影响力。在渠道创新方面，慕思大力发展线上商城和移动购物平台，实现了线上线下的无缝对接。这种数字化营销策略不仅提高了慕思产品的可及性，也为消费者提供了更加便捷的购物体验。通过品牌战略和市场全球化的实施，慕思将一个区域性的床垫品牌发展成为一个具有国际竞争力的健康睡眠解决方案提供商。

慕思总裁姚吉庆将高端品牌理解为："高端品牌不仅是在提供极致的产品体验、功能体验和服务体验，更是在倡导一种生活方式，是一种价值观的文化标签。高端品牌的打造是一个系统工程，离不开产品观、服务观、文化观三个方面的构建。"慕思的品牌传播不局限于传统的广告和公关活动，还通过数字化营销和社交媒体平台，与消费者建立了更加直接和互动的关系。展望未来，姚吉庆认为，全球床垫市场将面临更广阔的发展空间和更激烈的竞争挑战，为了保持竞争力并抓住市场机遇，要紧跟市场趋势，不断优化和创新产品，同时加强成本控制和供应链管理。

四 智能制造与智慧睡眠的融合经验与发展启示

在床垫行业的数字化转型中，智能制造与智慧睡眠的融合开辟了新的发展路径。这一融合不仅关乎技术层面的革新，更触及企业战略思维和管理模式的深层变革。同时，智能制造与智慧睡眠的融合还要求企业关注数据安全和人才培养，以确保在竞争激烈的市场中保持自身竞争力的同时，也能够推动整个行业的创新和发展。慕思的实践表明，通过不断探索和应用新技术，企业能够在提升生产效率、实现个性化定制、优化客户体验的同时，推动环境的可持续性。

（一）数字化赋能全渠道融合

在智能制造与智慧睡眠融合的领域，慕思通过数字化转型实现了全渠道融合，显著增强了品牌的市场竞争力。20多年的品牌和渠道积累，为其构建了强大的品牌影响力和广泛的分销网络。数字化升级推动了供应链各环节的无缝衔接，实现了高效的供应链管理和成本控制。慕思的5 700余家线下专卖店，覆盖了国内外主要市场，形成了庞大的分销网络。数字化技术的支撑，使得慕思能够充分利用电商发展红利，通过线上平台扩大消费者接触面，驱动销售增长，2023年电商业务同比增长29.18%。数字化技术的应用，不仅帮助慕思有效解决了世界范围内软体家居生产重度依赖手工、流程效率低、创新掣肘等痛点和难点问题，也使其研发力及创新力有了更可靠的落脚点，这让慕思床垫变得更加"智慧"，能够满足消费者日益多元的健康睡眠需求。

（二）智能制造推动产业转型升级

慕思的转型升级经验，从传统

制造向智能制造的跃进，为劳动密集型的家居行业提供了数字化和智能化转型的参考模式。

首先，智能制造的关键在于自动化、信息化和智能化生产流程的实现。在床垫制造领域，这意味着从原材料的采购、生产过程的控制，到最终产品的包装和物流，每个步骤都可以通过智能系统进行精细化管理。利用传感器、机器学习和大数据分析，企业能够实时跟踪生产状况，预测维护需求，减少设备停机时间，并确保产品质量的稳定性和一致性。

其次，随着消费者对个性化产品需求的增加，智能制造系统能够根据每个消费者的特定需求，快速调整生产线，生产出符合个人偏好的产品。这种大规模个性化定制不仅提升了消费者的满意度，也为制造商构建差异化优势和增加产品价值提供了机会。通过深入分析消费者数据，企业能够更准确地捕捉市场趋势，设计出更受欢迎的产品。在智能制造与智慧睡眠的结合过程中，数据的作用至关重要，它被视为企业最宝贵的资源和资产，能帮助企业精确预测市场动态，制订有效的营销策略，并优化库存管理，从而提高响应速度和运营效率。一方面，通过搜集和分析生产、销售和消费者行为方面的相关数据，企业能够更精确地预测市场动向，制订更具针对性的营销计划，并提升库存管理的效率。另一方面，通过数据驱动的决策制订，使得企业能够快速响应市场变化，提高运营效率和盈利能力。

然后，智能制造与智慧睡眠的融合，还为改善客户体验提供了机遇。通过智能床垫和睡眠监测设备，企业能够收集用户的睡眠数据，提供定制化的睡眠建议和个性化的健康指导。这种以用户为中心的服务模式，不仅增强了用户的品牌忠诚度，也为企业提供了一个与消费者持续互动的价值共创平台。新制造模式带来的不仅仅是产能的提升和人力成本的降低，根据慕思过去三年的统计，主要产品产能提升了30%～60%，单位人力成本下降9%～59%，更重要的是，高端定制床垫从下单到交付的周期缩短至14天，包装环节的自动化还大幅提高了外观品质，有效降低了客户退货率。

最后，智能制造技术同样体现了对可持续发展的承诺。通过优化生产流程，减少能源消耗和废弃物排放，企业在提升生产效率的同时，也致力于环境保护和社会责任的履行。慕思在美国拉斯维加斯消费电子展（CES 2024）上展示的"智慧睡眠AI床垫"就是一个很好的例子，它不仅展示了创新，还强调了健康和环保的体验。从依赖进口的专用设备到形成完整的智能制造解决方案，慕思的创新不仅推动了企业自身的发展，也促进了整个床垫行业的转型升级。如今，床垫行业的智能制造转型已经形成了可复制和推广的成熟方案，为行业的未来增长提供了强劲动力。

（三）产学研生态合作与可持续发展

慕思的数字化发展涵盖了智能制造、个性化定制、数据驱动营销、客户体验升级等多个方面。在智能制造技术的应用过程中，面临着技术集成的复杂性等多方面的挑战。不同系统和设备之间的无缝对接、数据安全和隐私保护及跨学科技能人才的培养等问题，都需要不断探索和优化。企业需要投资于员工的培训和教育，提升他们在数据分析、人工智能、物联网等领域的技能。同时，企业也需要吸引和保留具有创新精神和专业技能的人才，以支持企业的长期发展。随着智能产品的普及，数据安全和隐私保护成为企业必须面对的挑战。企业需要确保其产品和系统符合相关的法律法规要求，并采取有效的措施来保护用户的个人数据不被滥用或泄露。这不仅涉及技术层面的保护措施，还包括对员工进行数据保护意识的培训和教育。

为了应对这些挑战，慕思进行持续的研发投入，并与国内外科研院所、医疗机构等产业生态伙伴合作，共同打造集睡眠监测、筛查、干预于一体的数字睡眠新范式。数据驱动的产品设计和优化，是慕思智能制造的另一大特色。慕思通过收集和分析生产数据、销售数据和消费者反馈，不断优化产品设计，提升产品性能，提供更加个性化的产品和服务。同时，慕思也注重数据安全和隐私保护，以确保用户信息的安全。例如，慕思利用70多万份人体测量数据，研发出"AI潮汐算法"，使得新一代AI智能睡眠产品能够根据不同用户的身高、体型进行精准自适应分区支撑，真正做到"千人千床，完美贴合"。与此同时，慕思持续不断地进行智能制造探索，不仅磨砺出了一批复合型生产管理人才，还深刻改变了车间劳动者的群体结构。即便是生产一线员工,工作内容也已从传统的手工操作转变为对各类设备屏幕的操作,劳动强度大大降低,劳动生产率却显著提升。

智能制造与智慧睡眠的融合已成为推动行业进步的重要力量,并在提升生产效率、确保产品质量、优化人才结构和促进产业转型等方面取得了显著成效。这些实践案例不仅凸显了融合创新在行业发展中的关键作用,而且为企业带来了创新增长的新机遇,同时为整个行业的未来方向提供了新的动力。通过打破传统束缚,实现创新,这种融合不仅增强了企业的市场竞争力,还引领了行业的全面转型,展现了智能制造与智慧睡眠结合在多个层面上的巨大潜力和重要价值。◈

【嘉宾介绍】

姚吉庆,高端品牌方法论创始人,中国著名职业经理人,营销家,中国冠军品牌联盟首任秘书长、创始人,慕思健康睡眠股份有限公司副董事长、总裁,慕思投资控股执行董事、总裁。2023年中国十大品牌专家获得者。

曾任华帝集团总经理,使华帝燃具连续5年保持中国销量第一;创立威莱数码(中山)有限公司,任执行董事兼CEO,带领公司2年内做到中国专业音响品牌前三名;出任奥克斯空调总经理,成功实现品牌战略转型和快速增长;2008年任欧派集团营销总裁,4年内使欧派实现了从中国橱柜第一品牌到中国整体厨房第一品牌的跨越;2012年加入慕思,并助力慕思于2022年在深交所主板成功上市。姚吉庆十几年来始终处于中国市场的第一线,操盘众多品牌,屡获佳绩,可谓中国职业经理人中的常青树。

第三篇

智启未来·生态建设

本栏目为新开设栏目，聚焦国内高校、商学院产教融合的创新实践经验分享，旨在探索产教融合的新路径，打造繁荣的新商学生态圈。本栏目中的《引领全球运营新范式：安泰CLGO项目与行业未来的深度融合》，深入剖析安泰CLGO项目如何以独特的教育模式，促进学术界与产业界的深度融合，引领全球运营管理的新趋势。

引领全球运营新范式：安泰CLGO项目与行业未来的深度融合

罗 俊 曹宇峰 徐 萍 刘慧颖

一 CLGO项目背景

（一）制造业转型升级急需高品质人才

随着新一轮科技革命的迅猛发展，人工智能、新材料、新能源等前沿技术不断取得重大突破，并与先进制造技术加速融合，为我国制造业带来了前所未有的历史机遇，为高端化、智能化、绿色化的制造业转型升级提供了广阔空间。当前，中国正处于转变发展模式、优化经济结构、转换增长动力的攻关期，但制造业供给与市场需求适配性不高、产业链和供应链稳定性面临挑战、资源环境要素约束趋紧等问题日益凸显。面向全球化、面向未来化，面对如何助力碳达峰和碳中和，如何促进我国制造业迈向全球价值链中高端等问题，市场对制造业人才所应具备的技能和素质提出了更高的要求。

（二）MBA教育亟待创造性改革

面对制造业高品质、复合型人才的需求，麻省理工学院（以下简称"MIT"）已经做过一些探索：MIT斯隆管理学院、工程学院及企业三方联合创办的"全球运营领袖"项目（Leaders for global operations，LGO），培养了包括苹果、波音、英特尔和亚马逊等著名企业的制造运营领袖人才在内的数百名优秀毕业生，该项目在北美乃至全球颇具影响力。

上海交通大学（以下简称"上海交大"）地处上海这样一座国际化大都市，所在地区拥有大量的外资和本土的制造业，有利于开展学校和企业之间的紧密合作，为学生提供实践机会。同时，上海交大具有强大的理工科背景，上海交通大学安泰经济与管理学院（以下简称"交大安泰"）一直稳居中国商学院的第一方阵，拥有全国顶尖的生源和一流的教学科研团队。因此，基于国外一流院校的成功案例，结合上海交大在工程和管理领域的双重学科优势，交大安泰致力于培养既精通工程管理理论又深谙管理，且具有卓越领导才干的全球化运营精英。

二 CLGO项目概况

中国全球运营领袖项目（China leaders for global operations，CLGO）

【作者简介】

罗 俊 上海交通大学安泰经济与管理学院管理科学系教授、博士生导师。研究方向为随机建模、仿真优化、统计学习等。

曹宇峰 上海交通大学安泰经济与管理学院管理科学系副教授。研究方向为收益管理、市场设计、运营管理—机器学习交叉。

徐 萍 上海交通大学安泰经济与管理学院MBA中心主任。

刘慧颖 上海交通大学安泰经济与管理学院MBA中心教学管理。

为国内首个全日制、跨学科的 MBA 项目。该项目由交大安泰、机械与动力工程学院、电子信息与电气工程学院和董浩云智能制造与服务管理研究院（原中美物流研究院）联合培养，由上海交大与 MIT 联合打造。项目采用 MIT 的"全球运营领袖"项目的模式，依托上海交大在工程和管理领域的学科优势及特色，结合中国商业特色和管理实践，致力于培养工程管理理论与实践相结合的具有卓越领导才干的全方位现代化商业管理精英，力求为中国乃至全球运营领域培养精通技术、深谙管理、具有全球化视野，同时对中国市场环境有深刻理解的领军人物。

图 1　CLGO 项目课程体系

（一）教学培养持续升级改革，顺应行业变化

CLGO 项目课程体系是基于 MIT 斯隆管理学院和工程学院共同开展的"全球运营领袖"项目定制的前沿课程，并结合中国国情和多学科交叉的特性而设计，注重培养学生的高素质道德情操、全球化视野及"管工结合"的综合运用能力。

1. 多学科交叉层次化课程体系

CLGO 的课程体系设置体现以下三大模块（见图 1）：一是基础课程，包括工商管理类基础课程和工程管理类基础课程，为学生提供必须掌握的管理和工程基础知识及基本技能；二是综合课程，工程和管理学科两大领域的知识和活动的融合体现了 CLGO 的理念，未来领导者必须具备整合技术和管理的能力；三是领导力培养，通过能力发展、实践和回顾总结，给予学生识别和增强领导力的机会。

为适应时代发展的需要，紧扣合作企业的实际发展需求，帮助学生进一步深化行业知识架构，CLGO 课程体系在不断更新优化，主要体现在以下两个方面。

（1）引入前沿技术和创新理念：CLGO 项目课程体系紧跟科技发展步伐，引入其他学院工业互联网、大数据、人工智能等前沿技术和创新理念相关课程，帮助学生及时掌握行业最新动态和发展方向，目前已开放的课程包括电商物流与城市配送、智慧城市能源系统智能控制与管理等。

（2）拓展国际视野和提升竞争力：CLGO 课程体系引入国际先进的教学理念和资源，为学生提供优质国际交换项目，拓宽国际视野。已开放的交换学校包括 MIT 斯隆商学院、德国慕尼黑工业大学等。此外，项目每年为 CLGO 学生安排 MIT 暑期游学，精选"全球运营领袖"项目优秀师资，安排定制化课程，包括 EN-ROADS Climate、Industry Strategic 等。

2. 多元化的高水平师资

为确保 CLGO 项目的顺利开展，项目配备了一支管理和工程学科的高水平师资队伍。项目教学的教师约 30 人（见图 2），精选来自交大安泰、机械与动力工程学院、电子信息与电气工程学院等学院的校内优秀教师及高级企业管理人员为学生授课。82% 以上的教师为副高及以上职称，获得博士学位，拥有海外经历及企业经验。为确保 CLGO 的教学保持世界领先水平，绝大多数授课老师曾赴 MIT 进行课程培训。

（二）实践活动加强校企合作，推动行业发展

CLGO 项目深刻认识到实践教

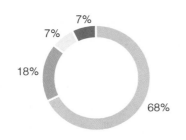

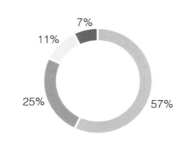

■管理学院 ■工学院 ■企业 ■其他学院　　　　■教授 ■副教授 ■讲师 ■企业

图2　CLGO项目师资

学在人才培养中的重要性，一直致力于打造一个实践教学与理论教学相辅相成的教学体系，通过形式多样的模块化企业实践，形成人才培养-科技创新-成果市场转化的校企全面协同模式。

1. 形式多样的定制化企业实践

CLGO项目为学生提供多样化的实践指导，在导师制度、实践形式等方面都为学生提供了全面多样的选择，具体形式如表1所示。

1）狮之队企业诊断咨询项目

该项目为CLGO学生与MIT LGO学生以团队合作的形式共同参与的咨询项目。项目匹配1名交大安泰导师和1名项目企业导师作为项目指导老师。项目结束后，以项目组为单位完成项目报告。截至目前，已开展了20余个狮之队企业诊断咨询项目。

项目案例：

a. 配送与物流的动态计划（Fulfillment and logistics dynamic planning）。

b. 材料管理报告系统的改善（Material management reporting system improvement）。

2）龙之队企业诊断咨询项目

该项目为全日制MBA（包括IMBA与CLGO）参与的一项企业实践项目。项目过程中，合作企业根据制造和运营中存在的实际问题确定咨询项目。每个项目组会匹配1名相关研究领域的交大安泰导师和1名项目企业导师全程指导项目落地。项目结束后，以项目组为单位完成项目报告。近三年已开展了24个龙之队企业诊断咨询项目。

项目案例：

a. 制造业企业可持续发展/碳管理数字化方案。

b. 工厂管理数字化——如何打造适合松下的智能工厂。

3）"实习+"（Internship-Plus, I-Plus）项目

该项目为CLGO学生到合作企业开展为期6个月的I-Plus实践项目，一般自第二学年的三月份开始持续到本学年的暑期结束。针对项目的研究方向匹配1名交大安泰导师、1名工程学院导师和1名项目企

表1　CLGO项目多种企业实践形式

项目名称	狮之队企业诊断咨询项目	龙之队企业诊断咨询项目	"实习+"（Internship-Plus, I-Plus）项目	安泰全球企业诊断项目
参与学生	3名CLGO学生 3名LGO学生	3～6名CLGO或者IMBA学生	1名CLGO学生	3名交大安泰学生 3名海外学生
指导老师	1名交大安泰导师 1名项目企业导师	1名交大安泰导师 1名项目企业导师	1名交大安泰导师 1名工程学院导师 1名项目企业导师	1名交大安泰导师 1名项目企业导师
项目时间	学期内：1～3个月	学期内：1～3个月 暑假内：4～6周	6个月	7周
项目目标	从国际化的视角，与MIT的学生和导师沟通交流，为企业解决实际的问题并输出对应的成果	探索企业内真实存在的问题并对其进行探索，充分利用在校所学知识帮助企业解决实际的问题并输出对应的成果	利用课程框架中所学习到的知识，帮助企业解决实际问题；同时，形成论文成果	为学生提供与企业员工密切合作的机会，从而增加学生入职目标企业的可能性

业导师作为项目的指导老师团体，为学生提供项目计划指导，学生最终产出的毕业实习论文将为企业在某一领域的研究发展提供实质性的帮助。近三年实习项目有112个。

项目案例：

a. 售后物流机器学习算法的研发与落地。

b. 中集车辆新能源商用车机遇与场景研究。

4）安泰全球企业诊断项目（Global corporate lab）

该项目由交大安泰发起，召集来自交大安泰和海外顶级商学院的学生。每个项目组由3名交大安泰学生和3名海外学生组成，他们具备不同文化背景和学术专长，将运用所学理论知识和解决问题的技巧，在交大安泰导师和项目企业导师的带领下，针对跨国公司在中国面临的商业挑战提供有效解决方案。

5）知名企业参访（Plant Tour）

CLGO项目组定期组织制造类及相关行业的特色企业的参访交流活动，以便学生及时了解最新的行业信息。日常参访由Plant Tour委员会学生协助安排和对接，参访企业多为可口可乐、叮咚买菜、蔚来汽车、海尔卡奥斯等知名企业。

另外，南方行游学模块中的企业参访也是CLGO项目的固定学习内容，为学生提供深入了解企业行业的机会。2023年CLGO项目南方行前往粤港澳大湾区开展调研，此次调研涉及家电行业、专用汽车制造行业的应用及成效，帮助学生了解不同地域、不同行业的企业文化和管理思维。

6）SOIL企业高管论坛讲座

SOIL（Sharing，Openness，Innovation，Leadership）论坛由CLGO项目主办，涵盖三大主题——industry best practices、leadership、career development，汇集了制造业和其他行业的领域专家，第一线的实践者及研究者，旨在将行业的最佳实践、先进经验和最优方法，以故事的形式呈现给学生，让学生对制造业和其他行业有更深入的了解。目前已办过108期论坛。

2. 硕果累累的实践教学成果

1）实践教学的具体产出

自项目开办以来，CLGO项目通过十多年与企业的深度合作，沉淀了诸多实践教学成果，并与行业未来深度融合，不断引领全球制造运营新范式。

a. 拓展制造行业知识，实际产出高质量论文。

与MBA项目中占据主流的非全日制项目不同，CLGO项目为全日制学习，为避免学生与社会脱节，CLGO项目的课程设置中包括了长达1学期的实习。实习项目均出自企业实际问题，学生在项目导师团队的指导下能够产出工程和管理领域通用和专用的成果，该成果也是学生的毕业学位论文。

b. 打造高品质平台，帮助企业解决实际问题。

企业会根据自身的实际需求，提出一批待解决的项目，学生在实习过程中，与行业专家、技术人才，共同为企业提供定制化和个性化的解决方案，帮助企业解决实际问题。例如，实际项目案例"Engine"项目——来自斯凯孚（中国）：该项目帮助企业建立成熟的高绩效工作体系，帮助加快新IDM（indirect material）的整合，更好地与内外部资源协同，填补ACT（auto technical center）与延伸目标之间的差距。

2）实践教学的深远意义

对于CLGO项目而言，一方面，项目得到著名跨国企业（松下、苹果、施耐德、联合利华等）和中国企业（中集、美的、震坤行、君正物流等）的支持并达成合作，建成了能够代表国际先进制造及运营管理水平的实习平台及网络。另一方面，学院教师和学生通过与战略合作企业开展多维度课题研究，共同完成行业白皮书，协力挖掘学术资本和技术创新的市场化潜力，形成了良好的校企合作循环。

三 CLGO项目办学成果

（一）学生就业

1. 薪资状况

2018—2020年，CLGO项目新生的平均年薪从19.7万元升至27万元，逐渐提高；毕业后学生薪资较入学前均有所提升，平均年薪为34万元。经过两年半的学习，学生毕业后平均薪资增长率达30%～40%。

2. 行业状况

2021—2023年，CLGO学生毕业后就业行业主要集中在：工业品设备、IT/网络/通信、电子/半导体、汽车/物流等，和制造业相关的行业超过70%（见图3）。

3. 合作企业相关就业情况

CLGO项目与多家企业建立了紧密的合作关系，这些合作企业不仅为学生提供实习机会，也是毕业生就业的重要渠道。

苹果：从2009年合作至今，共有约56名CLGO学生入职苹果，其中2023届有4位应届生入职，且入职后离职率低于5%。

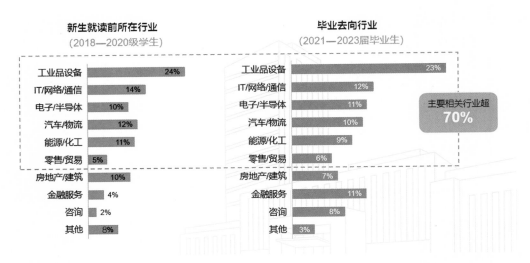

图3 2018—2023年CLGO学生所在行业变化

中集：2018年首次签约合作，每年的项目实习学生持续不断。2022年合作续约，至今入职毕业生9位，其中2023届有2位应届生入职。

（二）办学评价

1. 国际权威认证机构的高度评价

国际三大权威商学院认证机构（AACSB、EQUIS、AMBA）均对CLGO项目给予高度评价。AACSB认证专家的评价是"The CLGO program operated in collaboration with MIT is very successful and is considered a model program for the College"。EQUIS认证专家的评价是"In the various programmes the School involves corporate partners in programme development, for internships and as financing resources（for example for the China Leaders for Global Operations Programme in Partnership with MIT）"。AMBA的认证评价是"The programme integrates theory and practice, has adopted the reputed Leaders for Manufacturing（LFM）Program model of MIT and combines the advantages and features in the discipline of engineering and management of Chinese top universities"。

2. 国内同行的赞誉认可

作为教育部批准的全国18所MBA综合改革试点单位之一，上海交大的CLGO项目作为代表性成果获得了教育部MBA指导委员会的高度认可。2012年，上海交大成为首批通过中国高质量MBA教育认证的学校，认证专家的评价是"交大安泰在MBA和EMBA教育中的一些创新做法在中国商学院中起到了引领作用，例如，与MIT合作举办CLGO项目，在CLGO项目中设立企业委员会……"。

2013年，CLGO项目获得上海市教学成果一等奖。2017年，在全国专业学位项目调研中，CLGO项目获评全国一等奖案例，同年CLGO项目荣获"中国好教育2017创新力MBA项目"。2018年，CLGO项目荣获"中国学位与研究生教育学会研究生教育成果奖一等奖"。2020年和2021年，CLGO项目连续荣获"2020年度中国商学院特色MBA项目奖"。

3. 国内外知名企业的青睐

CLGO项目得到了合作企业的一致好评。中集车辆CEO兼总裁李贵平认为："CLGO项目建立了有针对性、有创意的人才育成路径，以全球视野提前布局，紧密地与企业敏捷协同、发挥互补优势，助力中国企业从普通制造向高端制造升级。我们相信CLGO项目的愿景将会变成现实。"松下电器中国东北亚公司总裁CEO本间哲朗认为："希望借助CLGO项目立足全球的视野，培养具有国际意识的领导人才的同时，结合中国情况深挖企业课题，助力制造业的转型与升级。"

未来，在从"中国制造"转向"中国智造"转型升级的进程中，CLGO项目将贯彻交大安泰"纵横交错，知行合一"的战略，基于多学科交叉的课程体系、多元化的高水平师资、形式多样的定制化企业实践、严谨务实的深度国际合作，为中国制造业"制造"出具有国际视野与创新能力、精通管理和技术的高层次复合型人才。◼

致　谢

本书得到安泰研究成果基金支持

泰研究成果基金是由上海交通大学安泰经济与管理学院EMBA14级张刚、EMBA08级田广、EMBA11级袁莉莉、EMBA13级袁中华、EMBA20级吕志方、EMBA15级田庭峰等校友发起捐赠设立，用于支持学院科研成果、教学案例的出版发行，指数发布、展示和研讨等。